Über die Autorin

Sigrid Engelbrecht ist erfolgreiche Ratgeberautorin. Sie schrieb zahlreiche Bestseller mit den Schwerpunkten Selbstvertrauen und Loslassen. Sie ist Mental- und Wellnesstrainerin, gilt als Expertin für Stressbewältigung, Kreativität und Persönlichkeitsentwicklung. Als Coach begleitet sie Menschen in beruflichen und persönlichen Veränderungsprozessen. Sie hält Vorträge, gibt Workshops und Seminare. Sie lebt in Berlin.

Sigrid Engelbrecht

Alles, was mich STARK macht

Eigene Stärken erkennen - Potenziale ausbauen

KÖNIGSFURT-URANIA

Bibliographische Information der Deutschen Nationalbibliothek
Die Deutsche Nationalbibliothek verzeichnet diese Publikation in der Deutschen Nationalbibliographie; detaillierte bibliographische Daten sind im Internet über http://dnb.d-nb.de abrufbar.

Originalausgabe
Krummwisch bei Kiel 2019

D-24796 Krummwisch
www.koenigsfurt-urania.com

Umschlagdesign: Jessica Quistorff unter Verwendung folgenden Motivs von Adobe Stock: «Lioness silhouette vector» © kmsdesen
Abbildung im Innenteil: Löwin, Motiv von Adobe Stock «Lioness silhouette vector» © kmsdesen
Lektorat: Marcus Reckewitz, Bonn
Project Management: Martina Weihe-Reckewitz
Satz und Layout: Jessica Quistorff
Druck Buch: Finidr s.r.o.
Karten- und Schachtelproduktion: Spielkartenfabrik Altenburg

ISBN 978-3-86826-178-3 (Set mit Buch und Karten)

Printed in EU

Inhaltsverzeichnis

Ich bin ich … und ich bin stark!

Ich bin ich ... und ich bin stark!

Das Spektrum unserer starken Seiten ist breit. Technische und logische Fähigkeiten sind dabei ebenso gemeint wie Kreativität, Menschenkenntnis und ein gutes Urteilsvermögen, die Fähigkeit zur Empathie ebenso wie Treue und Loyalität, Spontaneität ebenso wie Ausdauer – dies und vieles mehr können persönliche Stärken sein. Wenn wir sie trainieren, dann entfalten sie sich und gehen uns in Fleisch und Blut über, so dass wir sie dann ganz spontan einsetzen können, wann immer es erforderlich ist. Allgemein formuliert, sind Stärken diejenigen Qualitäten, die uns am meisten dabei unterstützen, erfolgreich zu sein, und maßgeblich dazu beitragen, dass wir uns bei dem, was wir tun, wohlfühlen. Je nachdem, wie wir unsere Stärken einsetzen, können sie uns auf dem Weg zu einem Ziel Flügel verleihen.

So hat jeder Mensch viele starke Seiten – und hat doch oft eher Schwächen, Fehler und Makel im Blick als das, was stark und was hilfreich ist und was gut funktioniert. Wer es sich aber angewöhnt hat, sich in erster Linie durch die «Fehler-Brille» zu betrachten, übersieht viele wichtige Talente, Fähigkeiten und Eigenschaften, die sich gut weiterentwickeln ließen. Da hilft dann nur ein bewusster Blickwechsel.

Insbesondere Martin Seligman, dem «Vater der Positiven Psychologie» ist es zu verdanken, dass sich die Psychologie heute eher auf die starken als auf die schwachen Seite der Persönlichkeit konzentriert. Positive Psychologie als die «Wissenschaft vom gelingenden Leben» beschäftigt sich damit, zu ergründen, was das Leben lebenswert macht, wie erfüllende Beziehungen gelingen, wie wir unsere Talente zur Blüte bringen, wie wir Lebensfreude entwickeln und Sinn in unserem Tun finden können.

Seligman zufolge sind es vorrangig die nachfolgenden Wege, die zu Glück im Sinne von Lebenszufriedenheit führen:

- Angenehmes Leben (pleasant life) - Positive Gefühle
- Engagiertes Leben (engaged life) - Flow, Engagement
- Sinnerfülltes Leben (meaningful life) - Sinn, Resonanz
- Befriedigende Beziehungen (social life) – Freundschaft, Intimität

Dazu kommt die Fähigkeit, selbstbestimmte Ziele im Sinne dieser Qualitäten zu formulieren und in die Tat umzusetzen. Mit anderen Worten sind nach dieser Auffassung jene Menschen am glücklichsten, die

- das Gute und Angenehme im Alltag wahrnehmen und genießen können,
- ein engagiertes, aktives Leben führen,
- das Gefühl haben, mit ihrem eigenen Sein und Tun auch in der Welt etwas Gutes zu bewirken,
- mit ihren Mitmenschen gut auskommen,
- eine hohe Selbstwirksamkeitsüberzeugung haben, das heißt, sich selbst als ihres Glückes Schmied betrachten.

Mit Impulsen aus der Positiven Psychologie können wir unsere Stärken dazu nutzen, um glücklich und erfolgreich zu sein und dem, was wir als sinnstiftend erleben, Raum in unserem Leben zu geben. Diesem Ansatz folge ich mit dem Kartenset «Alles, was mich stark macht».

Hier finden Sie Anregungen dazu, Ihre persönlichen Vorzüge deutlicher wahrzunehmen und schätzen zu lernen. Sie gewinnen eine tiefere Einsicht, was Sie als Persönlichkeit auszeichnet, und erkennen auch, welche Stärken in vermeintlichen Schwächen verborgen sind und nur darauf warten, entdeckt zu werden. Hilfreich sind auf dieser Entdeckungsreise zu Ihren Stärken oft auch Freunde und Kollegen, die Sie häufig weitaus facettenreicher wahrnehmen als Sie sich selbst gewohnt sind zu sehen. Lassen Sie sich von der Vielfalt Ihrer inneren Schätze überraschen!

Manchmal zeigen sich auch gerade in Krisenzeiten unverhofft Fähigkeiten, die Sie über sich selbst staunen lassen, und manchmal schlummern gerade die Qualitäten in Ihnen, die Sie an anderen bewundern – und warten darauf, von Ihnen erkannt und genutzt zu werden.

Es sind unsere inneren Einstellungen und Überzeugungen, die bestimmen, wie wir die Welt wahrnehmen, auch, was wir als «stark» und was wir als «schwach» wahrnehmen. Einstellungen und Überzeugungen entscheiden darüber, was wir überhaupt zur Kenntnis nehmen und was wir ausfiltern. Ebenso bestimmen sie eben auch, wie wir das, was wir wahrnehmen, dann interpretieren. Wie Sie sich selbst einschätzen und bewerten, entscheidet darüber, wie Sie sich fühlen und wie Sie sich verhalten. Ihre Leistungen und Erfolge sind daher nicht die direkte Folge Ihrer Fähigkeiten und Talente, sondern es kommt in starkem Maße darauf an, was Sie über sich selbst denken und was Sie sich zutrauen. Dies entscheidet letztlich auch darüber, was Sie im Leben erreichen.

Gut zu wissen, dass Überzeugungen keine Naturgesetze und nicht in Stein gemeißelte Gebote sind, die für alle Zeiten Gültigkeit haben müssen. Verändern Sie, was nicht mehr zu Ihnen passt! Indem Sie sich jetzt eher auf das konzentrieren, was Sie können und wissen und worin Sie kompetent sind, als auf das, was Sie nicht können, gewinnen Sie an Mut, Kreativität und Selbstvertrauen. Die eigenen Stärken gut zu kennen und sie gezielt einsetzen zu können ist daher eine wichtige Voraussetzung für ein erfolgreiches Berufs- und Privatleben.

Die Arbeit mit dem Kartenset unterstützt Sie dabei, Ihre verborgenen Fähigkeiten ans Licht zu holen und auszubauen und dabei viele verschiedene Aspekte zu berücksichtigen. Dafür ist das Set in vier große Bereiche unterteilt:

1. Was Sie an sich stark finden und wo Ihre Stärken herkommen
2. Was andere an Ihnen stark finden und was Sie selbst an anderen schätzen
3. Stärken, die in Schwächen liegen, und starker Umgang mit Krisen
4. Wie Sie Stärken weiter stärken und neue Stärken entdecken können

Die 52 Karten sind dazu gedacht, Ihnen über ein Jahr (= 52 Wochen) hinweg Wegweiser für Ihre persönliche Weiterentwicklung zu sein. Dabei widmen Sie sich jeweils eine Woche lang einer bestimmten Karte und finden Antworten auf die Frage, die Ihnen auf der Karte gestellt wird. Indem Sie sich jeweils eine Woche lang mit bestimmten Aspekten Ihrer persönlichen Stärken beschäftigen, erkennen Sie viel nachhaltiger als durch bloßes Lesen, was nützlich und gut für Ihre weitere Entwicklung ist.

Hier im Buch finden Sie nachfolgend zu jeder Karte auch Anregungen, wie Sie die Karte vertieft bearbeiten können. Egal, ob es gerade Dezember, April oder August ist: Sie können jederzeit starten. Wichtig dabei ist auch, dass Sie sich ein **Arbeitsbuch** anlegen, in dem Sie Ihre Ideen und Erkenntnisse festhalten und dann auch jederzeit nachlesen können.

Bei dieser intensiven inneren Schatzsuche werden Sie immer neue Aspekte Ihres Potenzials entdecken und Vorstellungen entwickeln, was Sie wann und wie zur Anwendung bringen. Dazu wünsche ich Ihnen viel Spaß und viel Erfolg.

Ihre Sigrid Engelbrecht

Was ich an mir stark finde

und wo meine Stärken herkommen

1

Was ich an mir stark finde und wo meine Stärken herkommen

Sie haben mehr drauf, als Sie glauben!

Sich eher mit den eigenen Pluspunkten als mit seinen Minuspunkten zu beschäftigen hat große Vorteile:

- Sie haben wesentlich mehr Spaß dabei, Ihre starken Seiten auszubauen, als damit, sich ständig eigene Defizite vor Augen zu halten.
- Sie stärken Ihr Selbstvertrauen.
- Sie erhöhen die Chancen, in den Bereichen, in denen Sie stark sind, etwas Besonderes zu leisten.
- Sie schärfen Ihren Blick dafür, welche beruflichen Tätigkeitsfelder Ihren Talenten entgegenkommen.
- Mit einem gut verankerten Bewusstsein Ihrer Stärken ausgestattet, sind Sie viel offener für Herausforderungen und können auch selbstbewusster auf andere zugehen.

Warten Sie nicht darauf, dass irgendwann durch Zufall verborgene Schokoladenseiten offenbar werden, finden Sie diese lieber selbst heraus. Wenn Sie wissen, mit welchen Pfunden Sie wuchern können, können Sie diese auch gezielter als bisher einsetzen: im Beruf, im sozialen Umfeld, in Ihren Beziehungen und in der Freizeit.

1 - Was alles mag ich an mir selbst?

Wir haben alle viele Vorzüge, Eigenschaften und Fähigkeiten, die wir an uns selbst mögen und schätzen und mit denen wir uns identifizieren. Das bezieht sich auf das eigene Erscheinungsbild ebenso wie auf Werte und Grundsätze, ebenso auch auf den Umgang mit anderen Menschen.

Denken Sie an Ihren Alltag oder an besondere Situationen, an Ihren Beruf, an Ihre Beziehungen, an Ihre Hobbys, und nehmen Sie die drei nebenstehenden Punkte als Anregungen, Ihre Vorzüge darzustellen – möglichst viele! Lassen Sie sich Zeit und nehmen Sie sich Ihre Notizen dazu in den nächsten Tagen immer mal wieder zur Hand.

Meist schreiben wir zunächst das auf, was offensichtlich ist: Eine Künstlerin schreibt auf, dass sie ihre Kreativität mag, ein Buchhalter, dass er seine Sorgfalt gut findet, usw. Doch wenn wir uns von den Fragen im Alltag weiter begleiten lassen, fallen uns auf den zweiten und dritten Blick noch ganz andere Vorzüge, Talente und Fähigkeiten ein als jene, die uns normalerweise bewusst sind.

Nehmen Sie also, wo immer Sie hingehen, ihr Arbeitsbuch mit, damit Sie das, was Sie neu an sich entdecken, sofort aufschreiben können.

Beantworten Sie sich im Arbeitsbuch die folgenden Fragen …

Was mögen Sie ganz besonders an Ihrem Aussehen?
Vielleicht Ihre Körpergröße? Ihre Haltung? Ihr Gesicht? Ihr Haar? Ihren Mund? Die Art, wie Sie lachen? Ihre Figur? Ihre Hände? Die Form Ihrer Augen? Ihre Grübchen? usw. usw.

Welche Charakterzüge finden Sie an sich selbst gut?
Sind Sie besonders sorgfältig? Kreativ? Herzlich im Umgang mit anderen? Integer? Ehrlich? Humorvoll? Analytisch? Neugierig und wissensdurstig? Anpassungsfähig? Schnell? Genau? Fleißig? Diszipliniert? Ausdauernd? Ausgeglichen? Durchsetzungsstark? Zuverlässig? usw. usw.

Was zeichnet Sie besonders aus?
Können Sie gut zuhören? Auf andere eingehen? Haben Sie ein gutes Urteilsvermögen? Bleiben Sie vielleicht cool, wenn andere sich aufregen? Oder liegt Ihre Stärke darin, Ihren Gefühlen gut Ausdruck geben zu können? Können Sie flexibel reagieren? Können Sie schnell Prioritäten setzen? usw. usw.

Lesen Sie am Ende der Woche Ihre Notizen noch einmal durch und klopfen Sie sich mit einem «So ist es!» selbst auf die Schulter.

2 - Wofür kann ich mich begeistern?

Beim Wort «Begeisterung» entstehen sofort positive Bilder vor dem inneren Auge. Sie sehen dann wahrscheinlich, wie jemand voller Elan und Eifer einer Sache nachgeht. Begeisterung ist eine intensive Form der Freude, die mit Aktivität und Energie verbunden ist.

- Begeisterung wird begleitet von Faszination.
- Begeisterung weckt Energie.
- Begeisterung macht aus Überleben Leben.

Wer etwas mit Begeisterung tut, ist richtig gut im «Flow», jenem optimalen Zustand, in dem man maximal motiviert ist. Wenn Begeisterung nicht gelebt wird, fehlt der Seele etwas.

Wenn Sie sich für etwas begeistern, gehen Sie ganz in Ihrem Erleben auf. Dann sind Fühlen, Wollen und Denken völlig im Einklang miteinander. Weder Raum noch Zeit noch das eigene Befinden spielen dann noch eine Rolle, Sie sind eins mit dem, was Sie gerade erleben.

Nehmen Sie Ihr Arbeitsbuch zur Hand und erforschen Sie die Situationen in Ihrem Leben, in denen Sie begeistert waren und sind. Dabei helfen Ihnen die rechts stehenden Fragen.

Beantworten Sie sich im Arbeitsbuch die folgenden Fragen ...

In welchen Situationen und Momenten bin ich «ganz dabei»?

Gegenwart:

- Wann und wo erlebe ich dieses Gefühl der Begeisterung am häufigsten?
- Wie fühlt es sich an? Wie äußert sich das besonders stark auch körperlich, z. B. durch Herzklopfen, aufsteigende Fröhlichkeit, Drang, sich zu bewegen, zu lachen, Grimassen zu schneiden etc.?

Vergangenheit:

- Wenn ich gedanklich in der Zeit zurückgehe: Wofür habe ich mich früher begeistert?
- Wenn ich damals und heute miteinander vergleiche: Was hat sich verändert?

Zukunft:

- Welche Fähigkeiten, Talente, Tätigkeiten etc. faszinieren mich ganz grundsätzlich?
- Wofür meine ich mich begeistern zu können, wenn ich es in Angriff nehmen würde?

Wichtig:
Notieren Sie anschließend, welche persönlichen Stärken in den beschriebenen Feldern zum Ausdruck kommen bzw. erforderlich sind.

3 - Was geht mir leicht von der Hand?

Während Sie sich für die Erledigung mancher Aufgaben gut zureden oder sich vielleicht sogar unter Druck setzen müssen, um sie in Angriff zu nehmen, gibt es andere, wo Sie mit Spaß und Freude dabei sind und wo Sie auch kein anderer dazu anhalten muss. Sie tun's einfach.

«Das Letzte, was ein Fisch entdecken wird, ist die Existenz von Wasser.»

Dieses chinesische Sprichwort drückt aus, dass man sich oft der eigenen Vorzüge gar nicht bewusst ist. Was Sie gut können, wird so sehr Teil Ihres Selbstverständnisses, dass es Ihnen gar nicht mehr auffällt. Ihre Talente erscheinen Ihnen als so selbstverständlich, dass Sie sie für nichts Besonderes halten. Sie wissen, wie es geht, und beweisen Kenntnis und Können. Und wenn Sie jemand darauf anspricht, denken Sie nur so etwas wie: «Das kann doch wohl jeder.» Obgleich das gar nicht so ist.

Hinweise auf solche unbewussten Qualitäten sind Aktivitäten, an denen Sie Spaß und Freude haben und die Sie erfolgreich absolvieren. Notieren Sie die Fähigkeiten, die Ihnen bewusst werden, in Ihr Arbeitsbuch.

Beantworten Sie sich im Arbeitsbuch die folgenden Fragen ...

Freude

- Was sind Aktivitäten, zu denen ich fast immer Lust habe?
- Was macht mir Freude und Spaß?
- Womit könnte ich Stunden verbringen, ohne dass es mir langweilig wird?

Mühelosigkeit

- Was tue ich einfach, ohne viele Gedanken darauf zu verwenden?
- Was erledigt sich praktisch von selbst?
- Wo erlebe ich mich als kompetent und selbstbewusst?
- Was fällt mir besonders leicht?
- Wann und bei welchen Tätigkeiten oder Herausforderungen fühle ich mich wohl, sicher und bestätigt?

Und:
Was können Sie nicht nur besonders gut, sondern tun es gleichzeitig auch gerne?

4 - In welchen Bereichen verfüge ich über ein großes (Fach-)Wissen?

- Im Laufe Ihres Lebens haben Sie viele Fertigkeiten erlernt und dabei auch Abschlüsse und Zertifikate erworben, die dokumentieren, über welche fachlichen Kompetenzen Sie verfügen.

- Sie sind zur Schule gegangen, haben vielleicht auch studiert, haben Ausbildungen absolviert und Abschlüsse gemacht. Was sagen diese über Sie aus? Wo konnten Sie besonders punkten?

- Vergegenwärtigen Sie sich das, was Sie im Laufe Ihres Lebens gelernt haben: Welche Ausbildungen haben Sie durchlaufen, welche Kompetenzen haben Sie dabei erworben?

- Denken Sie dabei auch an Spezialwissen in bestimmten Bereichen, die vielleicht (nur) im Moment brachliegen. Was können Sie alles vorweisen?

- Halten Sie alle Ihre Wissensschätze und Kompetenzen in Ihrem Arbeitsbuch fest. Anregungen dazu geben Ihnen die Punkte auf der gegenüberliegenden Seite.

Als Anregung für Ihr Arbeitsbuch ...

Meine erworbenen Abschlüsse:

Meine weiteren Qualifikationen und Kompetenzen:

Weiterbildungen, die ich besucht habe:

Kompetenzen, die ich in meiner Freizeit erworben habe:

Was ich mir quasi «nebenbei» angeeignet habe:

Spezialwissen, das ich aktuell nicht nutze:

5 - Welche beruflichen Kompetenzen zeige ich in meinem aktuellen Job?

Die Kompetenzen der Mitarbeiterinnen und Mitarbeiter sind für jeden Betrieb ein zentraler Faktor im Wettbewerb. Deshalb sollte die Weiterqualifizierung der Beschäftigten für die Firmenleitung im Vordergrund stehen. In den Betrieben, in denen langfristig und nachhaltig geplant wird, ist dies auch so. So erwerben Sie weiteres Wissen und Können in berufsbezogenen Kursen, Lehrgängen oder Seminaren.

Durch die Aufgabenstellungen in Ihrer Arbeit festigen Sie Ihr Können – auch durch die Entwicklung von Routinen – und lernen gleichzeitig Neues hinzu.

Überlegen Sie, welche Kompetenzen Sie erst in Ihrem jetzigen Beruf entwickelt haben. Denken Sie dabei auch daran, für welche Aufgaben Sie ganz aktuell zuständig sind und wofür Sie Verantwortung tragen. Welche Erfahrungen, Kenntnisse und Fähigkeiten bringen Sie dabei ein?

Denken Sie über Ihr derzeitiges Tätigkeitsfeld nach und tragen Sie Ihre Erkenntnisse in Ihr Arbeitsbuch ein.

Zur Orientierung für Ihr Arbeitsbuch ...

Welche beruflichen Kompetenzen habe ich in meinem aktuellen Job und in früheren Jobs erworben?

Tipp:
Wenn Sie sich klarer darüber werden wollen, ob Sie bei Ihren täglichen Aufgaben überwiegend Ihre starken Seiten leben, dann fragen Sie sich:

Widme ich mich überwiegend Aufgaben, ...

... die ich aufgrund meiner beruflichen Kompetenzen gut im Griff habe?

... deren Erledigung mir Spaß macht?

... deren Erledigung mir besonders viel Anerkennung bringt?

Falls Sie mehr als eine dieser Fragen verneinen und sich dies um einen Zustand von Dauer handelt, sollten Sie darüber nachdenken, ob Sie nicht auf anderen Gebieten bzw. auch an anderer Stelle zu höheren Leistungen in der Lage wären und dann auch mehr persönliche Befriedigung empfinden könnten.

6 - Welche Stärken zeige ich in Beziehungen?

«Sage mir, mit wem du umgehst, und ich sage dir, wer du bist.» Kontakte ergeben sich nicht von ungefähr und noch weniger gehen wir einfach nach dem Zufallsprinzip Beziehungen zu anderen Menschen ein.

Wenn wir Freundschaften und gute Bekanntschaften pflegen, haben wir gute Gründe dafür – und wir zeigen dabei Seiten unserer Persönlichkeit, die wir in rein beruflichen Zusammenhängen oft nicht präsentieren.

Denken Sie an Ihre Partnerschaft, an Ihre Freundinnen und Freunde und gute Bekannte. Welche Beziehungen sind Ihnen wichtig? Welche Seiten Ihrer Persönlichkeit zeigen Sie in diesen Beziehungen?

Nehmen Sie Ihr Arbeitsbuch zur Hand und listen Sie alle Personen auf, zu denen Sie nähere Beziehungen pflegen. Unterteilen Sie Ihre Kontakte wie auf der gegenüberliegenden Seite aufgeführt. Widmen Sie sich dabei besonders den persönlichen Stärken, die Sie in der jeweiligen Beziehung zeigen.

Finden Sie Beispiele für ...

Meine besonders guten Beziehungen innerhalb meiner Familie:

Meine besonders guten Beziehungen an meinem Arbeitsplatz:

Meine besonders guten Freundschaften:

Welche persönlichen Stärken ich jeweils in diesen Beziehungen zeige:

7 - Worauf bin ich besonders stolz?

Normalerweise sind wir es nicht gewohnt, eigene Erfolge genau zu beleuchten und uns zu fragen, was alles dazu beigetragen hat, das positive Ergebnis zu erzielen – und auch nicht, was daran unser eigener Anteil war. Manchmal nehmen wir einen Erfolg auch deswegen nicht richtig wahr, weil wir so sehr auf das fixiert sind, was noch besser hätte laufen können.

Überlegen Sie also: Wann in Ihrem Leben waren Sie so richtig stolz auf etwas, das Sie geschafft haben? Wählen Sie drei Situationen aus und beschreiben Sie sie stichpunktartig. Denken Sie dabei nicht nur an berufliche, sondern auch an private und ganz persönliche Erfolge, solche, die Ihnen etwas bedeuteten, ganz unabhängig davon, was andere davon gehalten haben. Auch kleine Erfolge zählen.

Wenn Sie die drei Situationen aufgeschrieben haben, dann überlegen Sie, auf welche Talente und Fähigkeiten Sie in diesen Situationen bauen konnten. Mit welcher Ihrer Fähigkeiten haben Sie das erreicht, was Sie erreicht haben? Machen Sie eine Liste mit allen Stärken, die Sie eingesetzt haben.

Überlegen Sie ...

Worauf ich besonders stolz bin:

1. ____________________
2. ____________________
3. ____________________

Welche Talente und Fähigkeiten ich eingesetzt habe, das zu erreichen:

um 1. (=...) zu erreichen: ____________________

um 2. (=...) zu erreichen: ____________________

um 3.(=...) zu erreichen: ____________________

Wer beispielsweise stolz darauf ist, unter allen Bewerberinnen und Bewerbern für einen begehrten Job die Zusage erhalten zu haben, kann dafür ganz unterschiedliche Stärken eingesetzt haben: Fachwissen, Kommunikationstalent, gekonnte Präsentation des eigenen Wissens und Könnens, Flexibilität usw.

8 - Welche Wünsche und Träume hatte ich als Kind?

Als Kinder erschufen wir uns phantastische Welten. Wir schlüpften in verschiedene Rollen und spielten nach, was wir in Märchen und Fabeln gehört oder was wir im Kino oder im Fernsehen gesehen hatten. Wir schufen uns unsere eigenen fiktiven Figuren und dachten uns Geschichten aus.
Zum einen haben wir damit – ähnlich wie nachts in den Träumen – viele Alltagserfahrungen bewältigt, doch zum anderen waren diese Spiele auch Ausdruck unserer Lebensfreude, Spiegel unserer Sehnsüchte – und unserer Stärken.

Denken Sie zurück an Ihre Kindheit. Welche Szenen haben Sie sich häufig vorgestellt, wie sah Ihre Rolle darin aus? Welche Geschichten, welche Bücher oder welche Filme haben Sie als Kind besonders beeindruckt?
Mit welchen Märchengestalten, Comicfiguren oder Filmheld/innen haben Sie sich am stärksten identifiziert? Was zeichnete diese in Ihren Augen aus? Wie wollten Sie selbst gerne sein?

Nehmen Sie Ihr Arbeitsbuch zur Hand und notieren Sie, woran Sie sich erinnern.

Überlegen Sie ...

Was ich mir als Kind häufig vorgestellt habe:

1. ....
2. .... etc.

Märchengestalten, Comicfiguren oder Filmheld/innen, mit denen ich mich identifiziert habe:

1. ....
2. .... etc.

Was ich an ihnen jeweils besonders bewundert, besonders spannend oder besonders attraktiv gefunden habe:

1. ....
2. .... etc.

Wie ich damals selbst gerne sein wollte:

1. ....
2. .... etc.

9 - Womit habe ich mich als Kind besonders gern beschäftigt?

Fotos lassen Erinnerungen aufsteigen. Wenn wir uns alte Fotos anschauen, fallen uns auf einmal viele Situationen wieder ein, an die wir lange nicht gedacht hatten.

Suchen Sie einige Fotos aus Ihrer Kindheit heraus, als Sie zwischen zwei und zehn Jahre alt waren, Fotos, die Sie beim Spielen, Basteln oder bei anderen Aktivitäten zeigen. Betrachten Sie die Fotos, lassen Sie das, was sie ausdrücken, auf sich wirken.

Erinnern Sie sich: Was haben Sie am liebsten gespielt? Was fiel Ihnen leicht? Worin waren Sie geschickt und was haben Sie sich gerne vorgestellt? Welchen Lieblingsbeschäftigungen konnten Sie stundenlang nachgehen? In Ihren Kinderspielen, Ihren Phantasien und Aktivitäten erkennen Sie starke Seiten an sich selbst wieder, die Sie vielleicht aus dem Blick verloren hatten.

Fragen Sie auch bei Ihren Eltern und Geschwistern nach, womit Sie sich oft und gern beschäftigt haben. Und halten Sie wieder alles, woran Sie sich selbst und woran sich andere erinnern, in Ihrem Arbeitsbuch fest.

Überlegen Sie ...

Welche Aktivitäten mir als Kind besonders viel Spaß gemacht haben:

- im Bereich Malen, Basteln und Gestalten
- im Bereich Musik, Singen und Tanzen
- im Bereich Spielen
- im Bereich Bewegung und Sport
- im Bereich Natur und Umgebung

10 - Was liegt in unserer Familie sozusagen «in den Genen»?

Kinder sind mit ganz unterschiedlichen genetischen Prägungen ausgestattet, dies gilt nicht nur für körperliche Merkmale, sondern ebenso auch für Talente und Fähigkeiten. Denken Sie beispielsweise an Musikerfamilien, wo sich über Generationen hinweg die musikalische Begabung zeigt.

Wie man heute weiß, sind bestimmte mentale Leistungen, wie beispielsweise ein gutes räumliches Vorstellungsvermögen oder auch grundlegende Charaktereigenschaften, wie Temperament und Empathiefähigkeit stark von unseren Genen beeinflusst.

Wie ein Kind mit Gefühlen umgeht, ob es eher draufgängerisch oder eher schüchtern ist, ob es hartnäckig am Ball bleibt oder sich eher leicht ablenken lässt, wie gern es lernt und ob es neugierig ist – bei alldem spielt grundlegend auch die genetische Prägung eine Rolle.

Denken Sie an Ihre Herkunftsfamilie: Worin sind sich Ihre Eltern und die jeweiligen Großeltern und – sofern Sie das wissen – weitere Ahnen ähnlich? Notieren Sie Ihre Erkenntnisse wieder in Ihrem Arbeitsbuch.

Beantworten Sie sich im Arbeitsbuch die folgenden Fragen …

1. Worin «ticke» ich ähnlich oder genauso wie mein Vater oder meine Mutter und/oder auch ein Großelternteil?

1. ……………………………………
2. …………………………………… etc.

2. Gibt es Talente und Fähigkeiten, die bei uns «in der Familie liegen» – und welche sind das?

1. ……………………………………
2. …………………………………… etc.

3. Worin zeigen sich diese Talente und Fähigkeiten?

1. ……………………………………
2. …………………………………… etc.

4. Gibt es noch weitere Möglichkeiten, wie ich diese Talente und Fähigkeiten einsetzen könnte?

1. ……………………………………
2. …………………………………… etc.

Wichtig:
Bedenken Sie: Das schönste Talent nützt nichts, wenn es nicht durch Lernen und Üben entfaltet wird.

11 - Welche Fächer in der Schule haben mich besonders interessiert?

Schon im Kindergarten, aber besonders später in der Schule nehmen Lehrkräfte an Kindern eine große Bandbreite von Talenten und Fähigkeiten wahr, wenn es beispielsweise um die Auffassungsgabe, die Lerngeschwindigkeit, um Lese- und Gedächtnisleistungen, mathematische, künstlerische, musikalische, sprachliche oder andere Begabungen geht.

Ein Teil dieser Gaben sind genetisch verankert, vieles offenbart sich im Schlepptau von Neugier und Entdeckungslust. Die Schule ist für jedes Kind eine völlig neue Erfahrungswelt, wo man sich auf bisher unbekannten Feldern ausprobieren kann.

Wenn Sie an Ihre Schulzeit zurückdenken, überlegen Sie, welche Stärken Sie damals zeigten, welche Talente Sie entfalten konnten. Welche Fächer lagen Ihnen und welche nicht? Wie sahen Ihre Zeugnisse aus?

Machen Sie sich über das, was Ihnen in den Sinn kommt, Notizen in Ihrem Arbeitsbuch. Nutzen Sie dazu auch die Fragen rechts als Anregung für Ihre Erinnerung.

Als Anregung für Ihr Arbeitsbuch ...

Welche Fächer ich in der Schule mochte:

1. ....
2. .... etc.

Was mir gut von der Hand ging:

1. ....
2. .... etc.

Welche Talente ich entfalten konnte:

1. ....
2. .... etc.

Wofür ich gute Noten bekam:

1. ....
2. .... etc.

Was erst mal nicht so mein Ding war, sich aber später als interessant und spannend herausstellte:

1. ....
2. .... etc.

12 - Welche Lebenslehren kamen von meinen Eltern und anderen wichtigen Personen?

Erinnern Sie sich wieder an Ihre Kindheit. Wissen Sie, was sich Ihre Mutter für Ihr Leben wünschte? Was sich Ihr Vater wünschte? Welche Erwartungen hinter diesen Wünschen standen? Wofür wurden Sie gelobt? Worin haben sie Sie bestärkt? Von wem haben Sie was gelernt? Menschen, die uns fördern und fordern und uns unterstützen, unsere Gaben zum Blühen bringen, waren und sind für unsere Entwicklung besonders wichtig.

Vielleicht kannten Sie als Kind oder im Jugendalter auch eine Person außerhalb der Familie, die älter als Sie war und die Ihre Entwicklung positiv beeinflusst hat? Einen Mentor oder eine Mentorin? Eine Person, von der Sie sich auch mal was sagen ließen? Das kann ein Lehrer gewesen sein, eine Therapeutin, ein Seelsorger oder ein Freund der Familie. Jemand, der Sie ermutigt und gefördert hat, der Ihnen vielleicht auch ein Vorbild war. Schreiben Sie die Erkenntnisse zu Ihren Förderern in Ihr Arbeitsbuch. Nutzen Sie dazu auch die Detailfragen auf der gegenüberliegenden Seite als Anregung für Ihre Erinnerungen.

Überlegen Sie ...

- Was sich meine Mutter
  für mein Leben wünschte:

- Was sich mein Vater
  für mein Leben wünschte:

- Wofür meine Eltern mich lobten:
- Worin meine Eltern mich bestärkten:

- Meine Mutter bestärkte mich darin:
- Mein Vater bestärkte mich darin:

- Menschen, von denen ich viel gelernt habe,
  die mich unterstützt und gefördert haben:

- Welche Talente und Fähigkeiten ich durch den
  Kontakt zu diesen Menschen entfalten konnte:

- Wofür ich diesen Menschen
  besonders dankbar bin:

13 - Was waren meine ersten Erfolgserlebnisse in der Kindheit?

Erfolg zu haben bedeutet, ein sich selbst gestecktes Ziel zu erreichen. Schon als Kleinkinder hatten wir unsere ersten Erfolgserlebnisse, als es uns gelang, unsere ersten Schritte zu machen. Als Kleinkinder waren wir stolz darauf, einen hohen Turm aus Bauklötzchen errichten zu können. Darin werden bereits wichtige Vorbedingungen für Erfolgsgefühle deutlich: Erfolg tritt nicht «irgendwie» ein, sondern setzt persönliche Erwartungen und aktives Handeln voraus.

Ein Erfolgserlebnis ist meist damit verbunden, ein bestimmtes Ziel anzuvisieren, es konsequent und ausdauernd zu verfolgen und es am Ende umgesetzt zu haben.

Erfolge zu erringen macht normalerweise zufrieden und stolz. Es stärkt das Selbstwertgefühl und übt einen positiven Einfluss aus auf die persönliche Ausstrahlung.

Nehmen Sie wieder Ihr Arbeitsbuch zur Hand und erinnern Sie sich.

Zur Orientierung für Ihr Arbeitsbuch ...

Denken Sie wieder an die Zeit zurück, als Sie ein Kind waren, und erinnern Sie sich an drei frühe Erfolgserlebnisse, die Ihnen viel bedeutet haben:

1. ....
2. ....
3. ....

- **Wie haben Sie das erlebt? Wie haben Sie sich gefühlt?**
- **Welchen Einfluss hatten diese Erfolge auf Ihr Selbstvertrauen?**
- **Welche Ihrer Talente und Fähigkeiten hatten Sie eingesetzt, um den Erfolg jeweils zu bewirken?**
- **Wo konnten Sie diese persönlichen Qualitäten auch in späteren Jahren erfolgreich einsetzen?**
- **Wobei sind sie Ihnen auch heute noch von Nutzen?**

Auf den Punkt gebracht:

Am Ende des Abschnitts «Was ich an mir gut finde und wo meine Stärken herkommen» …

… sind Sie sich Ihrer Vorzüge, Talente und Fähigkeiten stärker als bisher bewusst,

… haben Sie einen Überblick über Ihre Kompetenzen gewonnen, über all das, was Sie besonders auszeichnet,

… wissen Sie, was Ihre besonderen Qualitäten sind, die Sie in Beziehungen einbringen, die Ihnen wichtig sind,

… sind Sie kindlichen Phantasien, Träumen und Wünschen näher gekommen und sehen, wie diese Sie geprägt haben,

… haben Sie sich daran erinnert, was Ihnen zu früheren Zeiten wichtig war, was Sie gerne gespielt und unternommen haben und was davon auch heute noch wichtig ist,

… haben Sie Talente und Fähigkeiten, die bei Ihnen «in der Familie liegen», genauer erkannt,

… haben Sie sich Ihre frühen Erfolge vergegenwärtigt und Ideen entwickelt, wie Sie die Stärken, die diesen zugrunde liegen, heute für sich nutzen können.

2

Was andere an mir gut finden und was ich an anderen schätze

Einander stärken und ermutigen, tut allen gut

Im Laufe Ihres Lebens haben Sie ganz bestimmte Vorstellungen entwickelt, wo Ihre starken Seiten liegen, Ihre Vorzüge, Talente und Kompetenzen. Und doch kennen Sie damit nur einen Teil der Wahrheit, denn es ist eine sehr subjektive Sicht.

Das Bild, das Sie von sich selbst haben, beeinflusst die Art und Weise, wie Sie sich selbst verstehen und wie Sie sich anderen gegenüber darstellen. Es ist also gut möglich, dass die Menschen in Ihrer Umgebung Qualitäten in Ihnen erkennen, auf die Sie selbst nie gekommen wären – oder die Sie ganz anders interpretiert hätten.

Einen großen Einfluss auf die Entwicklung Ihrer Stärken hat auch das Lernen am Modell – bewusst oder unbewusst. Vorbilder sind Ihnen dabei häufig Menschen, die ähnliche Ideen wie Sie selbst haben und diese konsequent in ihrem Leben umgesetzt haben.

Einem Vorbild nachzueifern bedeutet natürlich nicht, zur Kopie der bewunderten Person zu werden. Vielmehr geht es darum, durch die genaue Wahrnehmung dessen, was Sie an anderen bewundern, das, was in Ihnen selbst schlummert, wachzukitzeln und auszubilden.

14 - Was mag und schätzt mein Partner/meine Partnerin ganz besonders an mir?

Der Partner/die Partnerin ist der Mensch, der Ihnen besonders nahe steht, mit dem Sie Ihren Alltag teilen und meistern. In Tuchfühlung mit einem anderen Menschen werden persönliche Eigenschaften und Qualitäten besonders deutlich, weil es ja viele ganz unterschiedliche Situationen gibt, in denen man erlebt, wie der andere «tickt», welche persönlichen Eigenschaften und welche Talente und Fähigkeiten ihn auszeichnen.

Überlegen Sie: Wie schätzt Ihr Partner/Ihre Partnerin Sie ein? Welche Stärken hält er/sie für Sie für typisch? Schreiben Sie zunächst Ihre Vermutungen auf, was er/sie über Ihre Stärken denken könnte und bitten Sie ihn/sie dann ganz konkret, (mindestens) fünf starke Seiten an Ihnen zu nennen und auch, in welchen Situationen er/sie diese Stärken bemerkt hat. Halten Sie auch dies in Ihrem Arbeitsbuch fest. Vergleichen Sie dann beide Aufzeichnungen – Ihre Vermutungen und das, was Ihnen der Partner/die Partnerin genannt hat. Wo gibt es Übereinstimmungen, wo tauchen Stärken auf, die Sie selbst an sich nicht wahrnehmen?

Beantworten Sie sich im Arbeitsbuch die folgenden Fragen ...

- Was vermute ich, was mein Partner/meine Partnerin als meine starken Seiten betrachtet?
- Was findet mein Partner/meine Partnerin tatsächlich an mir stark?
- Woran macht er/sie das fest? Was waren das für Situationen, in denen sich aus seiner/ihrer Sicht die entsprechende Stärke gezeigt hat?
- Wenn ich beide Beschreibungen miteinander vergleiche: Wo gibt es Übereinstimmungen und wo gibt es unterschiedliche Einschätzungen?
- Ist etwas von dem, was Ihr Partner/Ihre Partnerin als eine Stärke von Ihnen aufgeführt hat, eine Überraschung für Sie?

15 - Für welche Qualitäten werde ich von Mitgliedern meiner Familie besonders geschätzt?

Mit Ihrer (Herkunfts-)Familie verbinden Sie viele gemeinsame Erinnerungen, Situationen, die zusammen gemeistert wurden und in denen sich jeder durch ganz bestimmte Fähigkeiten und Verhaltensweisen hervorgetan hat.

Stellen Sie Vermutungen darüber an, wie die Mitglieder Ihrer Herkunftsfamilie Sie einschätzen: die Eltern, Geschwister, Großeltern, Onkel, Tanten, andere Verwandte ... und überlegen Sie, welche Stärken die einzelnen Familienmitglieder für Sie für typisch halten.

Schreiben Sie wieder zunächst Ihre Vermutungen auf und bitten Sie dann die entsprechende Person ganz konkret, (mindestens) fünf starke Seiten an Ihnen zu nennen und auch, in welchen Situationen sie diese Stärken bemerkt hat. Halten Sie auch dies in Ihrem Arbeitsbuch schriftlich fest.

Vergleichen Sie dann wieder beide Aufzeichnungen – Ihre Vermutungen und das, was Ihnen die jeweilige Person genannt hat, und prüfen Sie, wo es Übereinstimmungen und wo es Differenzen gibt.

Beantworten Sie sich im Arbeitsbuch die folgenden Fragen ...

- Was Familienmitglieder wohl an mir stark finden (Mutter, Vater, Geschwister ...)?
- Was finden Familienmitglieder tatsächlich stark an mir?
- Woran macht die jeweilige Person das fest? Was waren das für Situationen, in denen sich aus ihrer Sicht die entsprechende Stärke gezeigt hat?
- Wo tauchen in den Beschreibungen von Familienmitgliedern Stärken auf, die ich selbst an mir nicht wahrnehme?

16 - Was finden meine zwei besten Freunde oder Freundinnen besonders toll an mir?

Ihre (Herkunfts-)Familie können Sie sich nicht aussuchen, Ihre Freundinnen und Freunde hingegen schon. Mit ihnen verbinden Sie meist ganz andere Erlebnisse und Erfahrungen als mit Ihrer Familie. Ihre Freundinnen und Freunde kennen Seiten an Ihnen, die Sie gegenüber der Familie vielleicht gar nicht gezeigt haben und die möglicherweise nicht einmal Ihr Partner/Ihre Partnerin kennen.

Schreiben Sie zunächst wieder Ihre Vermutungen auf und bitten Sie dann die entsprechende Person ganz konkret, (mindestens) fünf starke Seiten an Ihnen zu nennen und auch, in welchen Situationen sie diese Stärken bemerkt hat. Halten Sie auch dies in Ihrem Arbeitsbuch schriftlich fest.

Vergleichen Sie dann beide Aufzeichnungen – Ihre Vermutungen und das, was Ihnen die jeweilige Person konkret genannt hat – und prüfen Sie, wo es Übereinstimmungen und wo es Differenzen gibt.

Beantworten Sie sich im Arbeitsbuch die folgenden Fragen …

- Was alles finden meine Freundinnen und Freunde wohl toll an mir?
- Was finden meine Freunde und Freundinnen tatsächlich stark an mir?
- Woran macht die jeweilige Person das fest? Was waren das für Situationen, in denen sich aus ihrer Sicht die entsprechende Stärke gezeigt hat?
- Wo tauchen in den Beschreibungen meiner Freundinnen oder Freunde Stärken auf, die ich selbst an mir nicht wahrnehme?

17 - Was schätzen meine Kollegen und Kolleginnen besonders an mir?

In Ihrem Arbeitsumfeld entfalten Sie wiederum ganz andere Qualitäten als im Privatleben. Ihre Kolleginnen und Kollegen erleben Tag für Tag, was hier Ihre starken Seiten sind.

Schreiben Sie wieder zunächst Ihre Vermutungen auf und bitten Sie dann die entsprechende Person ganz konkret, starke Seiten an Ihnen in der Zusammenarbeit zu nennen und auch, in welchen Situationen sie diese Stärken bemerkt hat. Halten Sie auch dies in Ihrem Arbeitsbuch schriftlich fest.

Vergleichen Sie dann wieder beide Aufzeichnungen – Ihre Vermutungen und das, was Ihnen die jeweilige Person genannt hat – und prüfen Sie, wo es Übereinstimmungen und wo es Differenzen gibt.

Beantworten Sie sich im Arbeitsbuch die folgenden Fragen ...

- Was mein Kollege/meine Kollegin wohl an mir schätzt?
- Was finden meine Kollegen und Kolleginnen tatsächlich stark an mir?
- Woran macht die jeweilige Person das fest? Was waren das für Situationen, in denen sich aus ihrer Sicht die entsprechende Stärke gezeigt hat?
- Wo tauchen in den Beschreibungen meiner Kolleginnen und Kollegen Stärken auf, die ich selbst an mir nicht wahrnehme?

18 - Was findet mein Chef/meine Chefin gut an mir?

Während Sie Ihren Lebenspartner/Ihre Lebenspartnerin, Freunde und Kollegen recht unbefangen über Ihre Qualitäten befragen können, ist es in der Regel kaum möglich, auch Vorgesetzten gezielte Fragen nach den eigenen Stärken zu stellen.

Doch einige Quellen gibt es auch hier:

- Direktes Lob vom Chef/der Chefin für eine gute Leistung
- Arbeitszeugnisse und Mitarbeiterbeurteilungen.

Sie enthalten neben den Angaben zur Tätigkeit auch Aussagen über die fachliche Kompetenz, die Bewältigung des Arbeitsvolumens, die Einsatzbereitschaft, die Flexibilität und die soziale Kompetenz.

Beantworten Sie sich im Arbeitsbuch die folgenden Fragen …

Was findet mein jetziger Chef/meine jetzige Chefin gut an mir?

1. ……………………………………
2. …………………………………… etc.

Was fanden frühere Chefs/frühere Chefinnen gut an mir?

1. ……………………………………
2. …………………………………… etc.

Was ist in Arbeitszeugnissen und Mitarbeiterbeurteilungen Positives über mich vermerkt?

1. ……………………………………
2. …………………………………… etc.

19 - Wofür bekomme ich öfters Komplimente?

Wer ist nicht für Komplimente empfänglich? Sie sind kleine Highlights im Alltag und geben dem Selbstwertgefühl einen Kick. Auch Sie selbst sagen wohl immer mal wieder anderen spontan, wenn Ihnen etwas an deren Aussehen besonders gefällt oder was Sie an dem schätzen, was Ihr Gegenüber gesagt oder getan hat.

Jetzt fragen Sie sich selbst einmal: Wofür macht man Ihnen Komplimente? Denken Sie an alles, was Sie aufzuweisen haben: Ihr Aussehen, Ihre Umgangsformen, auch Eigenschaften wie Hilfsbereitschaft oder die Fähigkeit, jemandem Mut zu machen, wenn er gerade sehr niedergeschlagen ist. Wofür werden Sie von anderen gelobt oder bewundert? Zu welchen Themen oder Problemstellungen werden Sie um Rat gefragt?

Hinter Komplimenten leuchten auch Stärken auf, die Sie bisher vielleicht noch nicht wirklich an sich gewürdigt haben. Und wenn man Sie um Rat fragt, dann müssen Sie einfach Qualitäten haben – warum sollte man sich sonst an Sie wenden?

Schreiben Sie die Komplimente, die Sie häufig hören und die, die Sie besonders freuen, in Ihr Arbeitsbuch.

Beantworten Sie sich im Arbeitsbuch die folgenden Fragen ...

Welche Komplimente höre ich öfters ...

... über mein Erscheinungsbild oder bestimmte Aspekte meines Aussehens?

... über Dinge, die ich gesagt habe oder sage?

... über Dinge, die ich getan habe oder tue?

In welchen Situationen fragt man mich öfters um Rat?

Über welche Komplimente freue ich mich ganz besonders?

20 - Welche Stärken zeige ich in meinen Hobbies und Leidenschaften?

Sei es das Engagement für soziale, ökologische oder integrative Projekte oder die Leidenschaft für Fotografie, Malerei, Gesang, Theater – manche Ihrer Stärken entfalten sich nicht in erster Linie im Beruf, sondern vielleicht durch ein bestimmtes ehrenamtliches Engagement oder auch eine Leidenschaft, die Sie neben Ihrem Beruf pflegen und die mehr als ein Hobby ist. Vielleicht sind Sie im Elternbeirat oder Mitglied in einer Bürgerinitiative oder arbeiten in einem Tafelladen mit. Vielleicht singen Sie im Kirchenchor oder sind Mitglied im örtlichen Kunstverein ...

Wofür engagieren Sie sich? Und/oder was ist eine Leidenschaft, der Sie neben Ihrem Beruf viel Zeit und Energie widmen? Welche Ihrer starken Seiten kommen dabei zum Einsatz? Orientieren Sie sich in der Bewertung Ihrer Stärken hier an den entsprechenden Feedbacks. Nehmen Sie Ihr Arbeitsbuch zur Hand und notieren Sie alles, was Ihnen zur Verbindung von Ihren Engagements, Hobbies und Leidenschaften und persönlichen Stärken von anderen vermittelt wird.

Zur Orientierung für Ihr Arbeitsbuch ...

Art des Engagements:

1. ....
2. .... etc.

Nach Meinung anderer dafür eingesetzte eigene Stärken:

1. ....
2. .... etc.

Hobbies und/oder persönliche Leidenschaften:

1. ....
2. .... etc.

Nach Meinung anderer dafür eingesetzte eigene Stärken:

1. ....
2. .... etc.

21 - Welche Vorbilder hatte ich, als ich 20 war?

Lang ist's her ..., aber nichtsdestotrotz ist es wichtig.

Nach dem Abschluss Ihrer Lehre, am Beginn Ihres Studiums oder einer anderen Ausbildung hatten Sie bestimmte Vorstellungen davon, was Sie gerne in Ihrem Leben verwirklichen wollten, wohin Ihr erlernter Beruf Sie führen sollte, wie Sie Ihr privates Leben gestalten wollten. Einiges davon haben Sie verwirklicht, anderes verworfen oder Sie sind ganz andere Wege gegangen. Orientiert haben Sie sich dabei – bewusst oder unbewusst – an Vorbildern.

Lassen Sie Ihr Leben Revue passieren und denken Sie an diese Zeit zurück, als Sie dabei waren, flügge zu werden und sich auf eigene Füße zu stellen. Wählen Sie zwei der in dieser Zeit für Sie bedeutungsvollen Menschen aus und überlegen Sie, warum Sie gerade diese zwei Menschen besonders schätzten, was in Ihren Augen das Besondere an ihnen war und welche Veränderung sich durch die Begegnung mit ihnen für Sie selbst ergeben haben. Nehmen Sie Ihr Arbeitsbuch zur Hand und lassen Sie sich von den Fragen auf der gegenüberliegenden Seite dazu inspirieren, Ihren damaligen Orientierungen auf die Spur zu kommen.

Als Anregung für Ihr Arbeitsbuch …

Meine zwei bedeutungsvollsten Vorbilder in der Zeit, als ich mich auf eigene Füße stellte, waren:

1. ~~~~~~~~~~~~~~~~~~~~
2. ~~~~~~~~~~~~~~~~~~~~ etc.

- Was war für Sie das Besondere an diesen Menschen, was zeichnete sie aus?
- In welcher Beziehung standen Sie jeweils zu diesen beiden Menschen?
- Welche Veränderungen haben sich für Sie durch die Begegnung mit diesen beiden Menschen jeweils ergeben?
- Wie denken Sie heute darüber?

22 - Welche Menschen in meiner privaten Umgebung schätze ich heute ganz besonders und warum?

Unsere Vorbilder wählen wir nicht nach dem Zufallsprinzip aus. Vielmehr hat die Wahl viel mit unseren eigenen Sehnsüchten und Wünschen zu tun – oftmals auch mit (noch) unentwickelten eigenen Fähigkeiten. Deswegen lohnt es sich, einmal genauer hinzusehen, warum Sie ganz bestimmte Personen wegen bestimmter Wesenszüge und Fähigkeiten bewundern und es ihnen nachtun wollen.

Wahrscheinlich gibt es auch in Ihrem privaten Umfeld Menschen, die Sie aufgrund bestimmter Talente, Fähigkeiten oder Verhaltensweisen bewundern.

Überlegen Sie: Was genau finden Sie an der Person, die Sie schätzen, so besonders? Oft ist es ja so, dass wir ganz bestimmte einzelne Eigenschaften oder Fähigkeiten genial finden. Was genau tut, ist oder kann diese Person also, was Sie so anzieht? Was möchten Sie gerne auch so gut können?

Machen Sie sich dazu Notizen in Ihrem Arbeitsbuch und nehmen Sie die Fragen auf der gegenüberliegenden Seite zur Orientierung.

Zur Orientierung für Ihr Arbeitsbuch …

Welche Menschen in meiner Umgebung ich toll finde:

1. ....
2. .... etc.

Was genau, welche besonderen Eigenschaften oder Fähigkeiten finde ich bewundernswert?

1. ....
2. .... etc.

- Wie hat die von mir bewunderte Person ihre speziellen Stärken entwickelt? Was hat sie dafür getan?
- Was bin ich selbst bereit dafür einzusetzen, dass ich diese Fähigkeit(en) an mir selbst zur Blüte bringen kann?

23 - Welche Kolleginnen und Kollegen glänzen in meinen Augen durch besondere Eigenschaften oder Leistungen?

Vorbilder als Ansporn im Beruf können dabei helfen, die eigenen Talente und Fähigkeiten effektiver und zielgerichteter einzusetzen.

Vorbilder im Arbeitsalltag zeigen, dass vieles möglich ist, wenn man bereit ist, sich für etwas einzusetzen und konsequent am Ball zu bleiben.

Zudem können Vorbilder für Sie eine Quelle der Inspiration sein, bisher Ungewohntes auszuprobieren und sich neuen Herausforderungen zu stellen.

Nehmen Sie Ihr Arbeitsbuch zur Hand und notieren Sie, welche Kolleginnen und Kollegen in Ihren Augen durch besondere Eigenschaften oder Leistungen glänzen, die Sie auch gerne vorweisen würden. Nutzen Sie dabei auch die nebenstehenden Detailfragen als Anregung.

Als Anregung für Ihr Arbeitsbuch …

- Welche Kolleginnen/Kollegen bewundere ich für bestimmte Eigenschaften oder Fähigkeiten?
- Was genau bewundere ich und was würde ich auch gerne können?
- Was hat die Kollegin/der Kollege dafür getan, um dahin zu kommen, wo sie/er jetzt ist?
- Welche persönlichen Talente und Fähigkeiten nutzte sie/er dafür:

24 - Welche Persönlichkeiten aus Kultur, Gesellschaft, Showbiz und Sport schätze ich besonders und warum?

Menschen, die «etwas aus sich gemacht haben», die ihre Talente zur Entfaltung gebracht oder Ihre Ideen konsequent in ihrem Leben umgesetzt haben, beeindrucken. Umso mehr, wenn sie eine so große visionäre Begeisterung für die Umsetzung ihres Potenzials in sich entfachen konnten, dass man sie in breiter Öffentlichkeit dafür wahrnimmt.

Nehmen Sie wieder Ihr Arbeitsbuch zur Hand und überlegen Sie, von welchen berühmten Persönlichkeiten Sie beeindruckt sind und was genau Sie an ihnen schätzen.

Beschäftigen Sie sich genauer mit Personen, die Sie bewundern. Lesen Sie deren Biographien oder schauen Sie sich öffentliche Auftritte an. Gewinnen Sie so Erkenntnisse darüber, was die bewunderten Personen haben tun müssen, um so erfolgreich zu werden, und welche persönlichen Stärken sie dabei eingesetzt haben. Nutzen Sie für Ihre Reflexion auch wieder die Fragen auf der gegenüberliegenden Seite als Anregung.

Als Anregung für Ihr Arbeitsbuch …

Drei berühmte Persönlichkeiten, die ich besonders bewundere:

1.
2.
3.

- **Was ich an diesen Persönlichkeiten stark finde:**

- **Was die Personen jeweils getan haben, um Erfolg zu haben:**

- **Welche Stärken sie dabei nutzten:**

25 - Gibt es Menschen, die ich beneide?

In Bewunderung mischt sich manchmal auch Neid. Neid gehört zu den Emotionen, die man sich in der Regel besonders ungern eingesteht. Und doch kennen Sie wahrscheinlich die Situationen nur zu gut, wo Neidgefühle in Ihnen hochkommen. Was aber will das verpönte Gefühl Ihnen sagen? Wenn Sie Ihren speziellen Neidauslösern auf die Spur kommen, können Sie die dahinter steckenden Bedürfnisse erkennen und sich überlegen, wie Sie Ihre Stärken zielgerichtet dafür einsetzen können, um das zu erreichen, was Sie erreichen wollen.

Überlegen Sie, wem gegenüber Sie ab und zu Neid empfinden, und schreiben Sie auf, um wen es sich dabei handelt. Stellen Sie Vermutungen darüber an, was von dem, was der/die Beneidete ist, hat oder kann, das Gefühl in Ihnen auslöst. Was wäre Ihnen dann möglich, was Ihnen jetzt nicht möglich zu sein scheint? Auch hier lohnt es sich, die Person genauer anzuschauen: Was hat sie dafür tun müssen, um Erfolg zu haben? Worauf hat sie gegebenenfalls verzichten müssen?

Finden Sie Beispiele für …

Eine Person, die ich (ab und zu) beneide:

- Worum ich diese Person beneide (Besitz, Position, Fähigkeit usw.):

- Was kann diese Person tun oder erleben, was mir nicht möglich ist?

- Was diese Person getan hat, um Erfolg zu haben:

- Welche Stärken sie dabei wahrscheinlich genutzt hat:

- Musste sie auf etwas verzichten, um zu erreichen, was sie erreicht hat? Was könnte der Preis für ihren Erfolg gewesen sein?

26 - Was würde ich als Außenstehende/r an mir selbst bewundern?

Wenn Sie sich mit anderen Menschen vergleichen, sehen Sie vielleicht mehr auf das, was der andere Ihnen voraus zu haben scheint. Vieles hingegen, was Sie selbst auszeichnet, halten Sie wahrscheinlich für selbstverständlich. In den vorangegangenen Aufzeichnungen haben Sie sich Ihre Stärken deutlicher bewusst gemacht und auch einen Eindruck davon erhalten, was in den Augen anderer Ihre starken Seiten sind.

Blättern Sie Ihr Arbeitsbuch durch und lesen Sie die Notizen, die Sie bisher gemacht haben. Welche Stärken haben Sie entdeckt? Welche wiederentdeckt? Jetzt überlegen Sie sich: Wenn ich jemand anderes wäre und eine Person kennenlernen würde, die diese Stärken hat, wie würde ich sie beschreiben?

Schreiben Sie Ihren Namen auf ein neues Blatt oben in Ihrem Arbeitsbuch – und dann legen Sie los!

Name:

Was diese Person auszeichnet:

Auf den Punkt gebracht:

Am Ende des Abschnitts «Was andere an mir gut finden und was ich an anderen schätze» ...

... wissen Sie, was Ihr Partner/Ihre Partnerin ganz besonders an Ihnen mag und schätzt,

... was Ihre Familie, ihre Freundinnen und Freunde besonders toll an Ihnen finden,

... was Kolleginnen und Kollegen und auch Ihr Chef als Ihre starken Seiten ansehen,

... sind Sie sich bewusst, wofür Sie häufig Lob und Komplimente erhalten, und können dies unbefangener würdigen,

... welche Stärken Sie in Ihren Hobbies und Ihren Leidenschaften zeigen,

... welche Vorbilder Sie in jungen Jahren hatten und wie Sie dies beeinflusst und angespornt hat,

... sehen Sie deutlicher, wen Sie heute gut finden und was genau Sie an demjenigen/derjenigen bewundern,

... sehen Sie deutlicher, was Sie als Außenstehende/r an sich selbst bewundern würden.

3

Stärken, die in Schwächen liegen, und starker Umgang mit Krisen

Schwächen und Krisen in einem neuen Licht betrachten

Viele der Eigenschaften und Verhaltensweisen, die wir für gewöhnlich zu unseren persönlichen Schwächen zählen, stellen sich bei näherer Betrachtung als Stärken heraus. Stärken, mit denen wir es vielleicht zu Lasten anderer Fähigkeiten übertreiben, oder Stärken, die wir am falschen Platz einsetzen.

Es ist oft eine Frage der Interpretation, wie jemand eine bestimmte Fähigkeit in seinem Weltbild einordnet. Der eine sieht seinen Hang zum Perfektionismus als Stärke: «Ich prüfe ganz genau. Mir entgeht kaum ein Fehler.» Der andere sieht ihn als Schwäche: «Ich bin ein richtiger Erbsenzähler. Wenn ich doch bloß endlich etwas lockerer sein könnte.» Beide haben Recht. In manchen Situationen ist es eine hervorragende Qualität, genau zu sein und keinen Fehler zu dulden. In anderen Situationen ist es hinderlich oder auch absurd.

Etliche unserer Stärken zeigen wir auch erst dann, wenn wir bis an unsere Grenzen herausgefordert werden. Krisen. Niederlagen. Schicksalsschläge. Schwere Zeiten im Leben können bisweilen dazu führen, dass wir uns hilflos und überfordert fühlen. Handeln mussten und müssen wir trotzdem. Und manchmal zeigen wir ausgerechnet in diesen Situationen Fähigkeiten, von denen wir bislang gar nicht wussten, dass wir über sie verfügen.

27 - Was mag ich nicht an mir selbst?

Weder vereinen Sie alle denkbaren Talente und Fähigkeiten auf sich noch alle denkbaren Schwächen oder Handicaps. Jeder Mensch ist eine ganz individuelle Mischung aus starken und schwachen Seiten. Ausdrucksvolle Augen und dünnes Haar, das Talent zu improvisieren und die mangelnde Fähigkeit, Ordnung zu halten usw. Vielleicht werden Sie gefeiert, weil Sie komische Anekdoten erzählen können – und gescholten, weil Sie immer unpünktlich sind. Vielleicht sind Sie ein As im logischen Denken – haben aber kein besonders ausgeprägtes Vorstellungsvermögen. Oder umgekehrt. Jeder ist eben eine unverwechselbare Persönlichkeit. Oft sind es gerade die Ecken und Kanten und nicht die glatten, untadeligen Wesenszüge, die Sie für andere sympathisch und unverwechselbar machen.

Nehmen Sie Ihr Arbeitsbuch zur Hand und überlegen Sie, was Sie an sich selbst nicht mögen und womit Sie unzufrieden sind, was Sie als Ihre persönlichen Schwächen ansehen und warum Sie meinen, dass diese Eigenschaft oder Verhaltensweise eine Schwäche darstellt. Überlegen Sie auch, welche Stärke gerade in dieser Schwäche liegen könnte.

Nehmen Sie Ihr Arbeitsbuch zur Hand und überlegen Sie, ...

... was ich als meine persönlichen Schwächen betrachte:

1. ……………………………………
2. …………………………………… etc.

... warum ich jeweils glaube, dass dies eine Schwäche ist:

1. ……………………………………
2. …………………………………… etc.

... welche Stärke in dieser Schwäche jeweils liegen könnte:

1. ……………………………………
2. …………………………………… etc.

28 - Was betrachten andere als Schwäche an mir?

Negative Feedbacks können deprimieren – oder zumindest vorübergehend die Stimmung vermiesen.

Bei anderen nicht anzukommen, kritisiert zu werden, Fehler ausbaden zu müssen ..., kaum jemand, der darüber einfach mit einem Achselzucken hinweggeht. Und wäre das überhaupt wünschenswert? Erhalten wir nicht durch Feedbacks anderer wichtige Impulse, auch wenn das, was andere uns sagen, manchmal nicht angenehm ist?

Überlegen Sie also, was andere als Schwäche an Ihnen betrachten und wofür Sie häufig negative Feedbacks erhalten. Was davon lässt Sie relativ kalt, welche dieser Feedbacks sind Ihnen unangenehm und was könnten die Gründe dafür sein?

Machen Sie sich anhand der nebenstehenden Anregungen Notizen dazu und notieren Sie auch, welche Stärken hinter den jeweiligen Schwächen verborgen sein könnten. Wenn man Ihnen beispielsweise «Konfliktscheu» attestiert, könnten Sie andererseits stark darin sein, Menschen zusammenzubringen.

Beantworten Sie sich im Arbeitsbuch die folgenden Fragen …

Welche negativen Feedbacks erhalte ich öfters?

1. ………
2. ……… etc.

Welche der negativen Feedbacks sind mir egal?

1. ………
2. ……… etc.

Welche der negativen Feedbacks sind mir unangenehm?

1. ………
2. ……… etc.

Warum sind sie mir unangenehm?

1. ………
2. ……… etc.

Welche Stärke könnte in der vorgeblichen Schwäche verborgen sein?

1. ………
2. ……… etc.

29 - Wann und wobei habe ich falsche Entscheidungen getroffen?

Jedem Menschen unterlaufen ständig Fehler. Fehler sind Bestandteil jedes Lern- und Erkenntnisprozesses.

Manche Fehler sind banal, andere haben gravierende Folgen, und diese nimmt man sich meist besonders übel. Vielleicht denken auch Sie an bestimmte Projekte, die Sie in den Sand gesetzt haben, mit Grausen zurück, denn da kommen ja leicht Scham- und Schuldgefühle auf. («Wie konnte ich nur?») Da solche Gefühle sehr unangenehm sind, versucht man in der Regel, Gedanken daran aus dem Weg zu gehen.

Trotz der damit verbundenen unangenehmen Gefühle lohnt es sich jedoch, noch einmal einen Blick auf das Vorgefallene zu werfen, es zu analysieren und neu zu bewerten.

Zur Orientierung für Ihr Arbeitsbuch …

Erinnern Sie sich an verschiedene persönliche Fehlschläge und wählen Sie die drei aus, die Ihnen noch immer zu schaffen machen:

1.
2.
3.

Reflektieren Sie alle drei Fehlschläge, indem Sie sich für jeden davon Notizen zu den folgenden Aspekten machen:

- Wie es dazu kam:
- Die Konsequenzen, die es jeweils hatte:
- Was ich daraus jeweils gelernt habe:
- Welche neuen Stärken mir in der Folgezeit daraus erwachsen sind:

30 - Mit welchen Menschen komme ich überhaupt nicht klar?

Manche Menschen erscheinen Ihnen auf Anhieb sympathisch, andere lehnen Sie spontan ab, manchmal ohne dies begründen zu können. Kann sein, dass die Person Sie an jemanden erinnert, mit dem Sie in der Vergangenheit schlechte Erfahrungen gemacht haben oder dass Sie ganz diffus etwas an ihr oder an ihm stört: ein Gesichtsausdruck, bestimmte Gesten, etwas an der Art, sich zu kleiden oder sich zu bewegen.

Manche Abneigungen entwickeln sich auch erst bei näherem Kontakt. Eigenschaften und Verhaltensweisen des Gegenübers befremden oder rufen Zorn hervor. Man fühlt sich dann im Kontakt mit der betreffenden Person zunehmend unwohl, fühlt sich vielleicht ungerecht oder geringschätzig behandelt, ausgenutzt oder zurechtgewiesen oder auch einfach nur genervt.

Nehmen Sie Ihr Arbeitsbuch zur Hand und lassen Sie vor Ihrem inneren Auge Menschen, die Sie kennen, Revue passieren. Mit welchen Menschen kommen Sie nicht klar? Reflektieren Sie schriftlich. Nutzen Sie dazu auch die Anregungen auf der gegenüberliegenden Seite.

Als Anregung für Ihr Arbeitsbuch …

Mit welchen Menschen ich nicht klar komme:

1. ______________________
2. ______________________ etc.

Was mich an diesen Menschen stört:

1. ______________________
2. ______________________ etc.

Was von dem, was mich stört, hat etwas mit persönlichen Schwächen zu tun, die ich an mir selbst wahrnehme:

____

Wichtig:
Diese Übung hat nicht zum Ziel, dass Sie fortan mit allen Menschen gut auskommen. Sie soll vielmehr das Bewusstsein dafür schärfen, welche Kontakte die Tendenz verstärken könnten, an sich selbst eher die Schwächen als die starken Seiten wahrzunehmen.

31 - Wann und wo fühle ich mich unwohl oder am falschen Platz?

Einer der hauptsächlichen Gründe, weshalb Menschen sich eher mit ihren Schwächen beschäftigen als ihre Stärken auszubauen, liegt darin, dass man sich so unwohl fühlt, wenn man glaubt, einer Aufgabe nicht gewachsen zu sein. Teilweise mit heftigen körperlichen Begleiterscheinungen: Nervosität, Herzklopfen, Magengrummeln, Schweißausbrüche. Also arbeitet man permanent daran, in dem, was man nicht zu können glaubt, besser zu werden. Damit kann man sich jahrelang beschäftigen. Währenddessen stagnieren die starken Seiten, weil man nichts dafür tut, um sie zu pflegen.

Nehmen Sie Ihr Arbeitsbuch zur Hand und gehen Sie bei sich diesem Phänomen auf den Grund. Fragen Sie sich, was Sie für Ihre persönlichen «Baustellen» halten, bei welchen Aufgaben oder Herausforderungen Sie sich über das normale Unsicherheitsgefühl hinaus unwohl oder schwach fühlen. Nutzen Sie dafür auch die Anregungen auf der gegenüberliegenden Seite.

Als Anregung für Ihr Arbeitsbuch ...

Drei Aufgaben oder Herausforderungen, die mir schwer fallen und bei denen ich mich unwohl fühle:

1. ……………………………
2. ……………………………
3. ……………………………

Wie wichtig es für mich ist, in dem, was mir schwerfällt, besser zu werden, und was ich mir davon verspreche:

……………………………………………

Wie wichtig es ist im Vergleich zur Weiterentwicklung meiner starken Seiten:

- Es ist mir erheblich weniger wichtig.
- Es ist mir etwas weniger wichtig.
- Es ist mir gleich wichtig.
- Es ist mir wichtiger.

Warum glaube ich, meine Kraft dafür einsetzen zu müssen, um diese Schwächen zu bekämpfen? Was genau verspreche ich mir davon?

32 - Was halte ich für stark und was für schwach?

Wenn Sie sich mit Ihren Stärken und Schwächen beschäftigen, sind Sie wahrscheinlich schnell dabei, genaue Zuordnungen zu treffen: «Ich bin hilfsbereit» – zweifellos eine Stärke. Doch wenn die Eigenschaft dazu führt, häufig ausgenutzt zu werden, kann sie zur Schwäche werden. «Ich bin ungeduldig» wird häufig als Schwäche gesehen. Wenn die Ungeduld dazu dient, Diskussionen immer wieder auf den Kern zurückzuführen, sobald Verzettelung droht, stellt sie zweifellos eine Stärke dar.

Was heißt das nun für die Stärken und Schwächen, die Sie an sich wahrnehmen? Ganz einfach: Es kommt darauf an! Es kommt auf die Situation an, in der Sie sich befinden.

Betrachten Sie unter diesem Aspekt noch einmal die Schwächen, die Sie zu den Fragen von Karte 31 aufgelistet haben. Sind diese wahrgenommenen Defizite tatsächlich nur Defizite? Oder gibt es nicht auch Situationen, in denen Ihnen das, was Sie als schwach wahrnehmen, auch nützlich sein kann?

Zur Orientierung für Ihr Arbeitsbuch …

Legen Sie in Ihrem Arbeitsbuch eine Tabelle mit zwei Spalten an. In die linke Spalte schreiben Sie Charaktereigenschaften oder Verhaltensmuster, die Sie an sich als Schwäche betrachten, in der rechten Spalte notieren Sie, wofür (in welchen Situationen, unter welchen Umständen) diese Schwäche nützlich für Sie sein könnte.

Von mir als Schwäche wahrgenommen:	**Situationen, in denen dies nützlich sein kann:**

Wiederholen Sie dies auch mit anderen Eigenschaften oder Verhaltensmustern, die Sie bisher ausschließlich als Schwäche betrachtet hatten.

33 - Welche Schwächen stehen der Entfaltung meiner Stärken im Wege?

Was die Arbeit daran, Schwächen zu bekämpfen, so mühsam macht, ist, dass die Schwächen ständig Junge zu kriegen scheinen. Wer beispielsweise «Schüchternheit» als Schwäche erkannt hat und sich im Small-Talk übt, findet plötzlich Mängel in seinem sprachlichen Ausdruck, in der Mimik, Gestik, Körpersprache etc. Zudem demotiviert es, ständig den Blick allein auf das zu richten, was nicht so ist, wie es der eigenen Einschätzung nach sein sollte.

Von den – veränderbaren – Schwächen, die Sie bisher in Ihrem Arbeitsbuch benannt haben, ist eine einzige Kategorie wichtig: diejenigen, die der Entfaltung der Stärken im Wege stehen (können).

Für eine Autorin, die auf Lesereise geht, ist es beispielsweise unerheblich, die Schwäche «Ich wiege 10 Kilo zu viel» zu haben. Aber die Schwäche «Ich habe eine nuschelige Aussprache» ist für sie ein wichtiger Aspekt. Für eine Sportlerin hingegen ist «Ich wiege 10 Kilo zuviel» ein wichtiger Aspekt. «Ich habe eine nuschelige Aussprache» ist für sie hingegen unerheblich.

Beantworten Sie sich im Arbeitsbuch die folgenden Fragen ...

Welche Schwächen stehen meiner Meinung nach der Entfaltung meiner Stärken im Weg?

1. ....
2. .... etc.

Weswegen (Begründung)?

1. ....
2. .... etc.

Was kann ich tun, um diese Schwächen abzumildern, damit sie mich bei der Entfaltung meiner starken Seiten nicht weiter hindern?

1. ....
2. .... etc.

34 - Welche Probleme, Krisen und Niederlagen habe ich schon bewältigt?

Viele Menschen sind es gewohnt, Belastungen und Fehler der Vergangenheit als Makel zu betrachten, als ein Handicap, was sie in ihren Handlungsmöglichkeiten einschränkt. Nur selten vergegenwärtigen sie sich, dass sie infolge von Krisen in ihrem Leben auch speziell darauf abgestimmte Kräfte entwickelt haben, auf die sie bauen können. Und durch jede Situation, in der sie trotz Angst, Trauer oder Zorn und trotz innerer und äußerer Widerstände lösungsorientiert handeln, wachsen sie innerlich weiter.

Denken Sie an schwierige Situationen, die Sie in Ihrem Leben erfolgreich gemeistert haben. Das können Schwierigkeiten sein, mit denen Sie sich in Schule, Ausbildung und Beruf konfrontiert sahen oder auch private Probleme, für die Sie Lösungen gefunden haben.

Nehmen Sie sich etwas Zeit und denken Sie nach. Welchen Herausforderungen haben Sie erfolgreich die Stirn geboten? Welche Probleme haben Sie gelöst? Welche harten Zeiten durchgestanden?

Als Anregung für Ihr Arbeitsbuch …

Legen Sie in Ihrem Arbeitsbuch eine Liste an unter der Überschrift:

«Schwierige Situationen in meinem Leben, die ich bewältigt habe.»

1. ………………………………
2. ……………………………… etc.

Tipp:
Nehmen Sie in dieser Woche Ihre Notizen immer mal wieder zur Hand und ergänzen Sie die Liste um die Beispiele, die Ihnen in der Zwischenzeit eingefallen sind.

35 - Was waren meine drei bedeutungsvollsten Krisensituationen?

Manche der Krisen, mit denen Menschen konfrontiert sind und die sie bewältigen, haben größere Auswirkungen auf ihr weiteres Leben als andere. Manches glauben sie «einfach nur irgendwie überstanden» zu haben. Es stellt sich dann aber die Frage, was alles sie dazu befähigt hat, diese schwierige Lebenslage zu überstehen.

Wenn Sie bisher eher darauf geschaut haben, was widrige Umstände Ihnen angetan haben, was Sie dadurch erlitten haben und welche Nachteile Ihnen das beschert hat, dann war das auch immer mit entsprechenden Bewertungen und Gefühlen gekoppelt: Niedergeschlagenheit, Selbstzweifel, Hilflosigkeit.

Wenn Sie sich jedoch vergegenwärtigen, dass Sie alles, was Ihnen widerfahren ist, überstanden haben und dass Sie durch bestimmte Ereignisse neue Stärken haben entwickeln können, dann fühlt sich das gleich völlig anders an.

Als Anregung für Ihr Arbeitsbuch …

Schauen Sie sich die schwierigen Situationen, die Sie in Ihrem Leben erfolgreich gemeistert haben, noch einmal an.

Lesen Sie die Liste durch und wählen Sie dann die fünf Ereignisse daraus aus, die Sie – rein gefühlsmäßig – für Ihr weiteres Leben als die bedeutsamsten einstufen.

1. ....
2. ....
3. ....
4. ....
5. ....

Betrachten Sie jede einzelne dieser schwierigen Situationen, die Sie bewältigt haben. Was hat Ihnen jeweils am stärksten zu schaffen gemacht? Halten Sie Ihre Erkenntnisse schriftlich in Ihrem Arbeitsbuch fest.

36 - Welche Stärken habe ich – ganz konkret – in Krisenzeiten erworben?

Die Schwierigkeiten, die Sie gemeistert haben, haben Sie verändert. Die Kräfte, die Sie dabei entwickelt haben, stecken noch in Ihnen und Sie können sie sich jederzeit vergegenwärtigen. Was Ihnen damals Kraft gegeben hat, kann Ihnen auch heute und in Zukunft Kraft geben.

Fragen Sie sich nun, wie es Ihnen gelungen ist, Lösungen für die besonders schwierigen Herausforderungen in Ihrem Leben zu finden. Denken Sie wieder an die fünf Situationen, die so großen Einfluss auf Ihr weiteres Leben hatten. Was war erforderlich, die Situation zu meistern? Was haben Sie ganz konkret getan? Welche Qualitäten, Kenntnisse, Fähigkeiten haben Sie eingesetzt?

Legen Sie in Ihrem Arbeitsbuch eine Tabelle mit zwei Spalten an. In die linke Spalte schreiben Sie ein Stichwort für die erste Ihrer fünf ausgewählten Krisensituationen und in die rechte diejenigen Ihrer Qualitäten, Kenntnisse und Fähigkeiten, die Ihnen dabei geholfen haben, die Schwierigkeiten zu bewältigen.

Finden Sie Beispiele für …

Situation	Eingesetzte Qualitäten, Kenntnisse, Fähigkeiten
1. ✎	✎
2. ✎	✎
3. ✎	✎
4. ✎	✎
5. ✎	✎

Was fühlen Sie, wenn Sie sich nun die fünf Beispiele noch einmal durchlesen und sich in die entsprechenden Situationen hineinversetzen? Freude? Erleichterung? Triumph? Zuversicht?

Schreiben Sie auf, welche Gefühle das Vergegenwärtigen dieser erfolgreichen Bewältigung auslöst.

37 - Welche der in Krisen erworbenen Stärken sind bei mir besonders stark ausgeprägt?

Als entscheidend für die persönliche Krisenfestigkeit (Resilienz) werden die folgenden persönlichen Qualitäten betrachtet:

- die Fähigkeit, die entstandene Situation zu akzeptieren,
- Optimismus,
- Selbstvertrauen,
- Lösungsorientierung,
- die Fähigkeit, sich neue Ziele zu setzen,
- die Bereitschaft, Hilfe anzunehmen und Netzwerke zu nutzen,
- die Entschlossenheit, aktiv zu werden.

Finden Sie Beispiele für ...

- Wenn Sie nun die schwierigen Situationen, die Sie bewältigt haben, unter diesem Aspekt betrachten – welche der links aufgeführten Stärken haben dabei (auch) eine Rolle gespielt?
  1. ....
  2. .... etc.

- Betrachten Sie Ihre Aufzeichnungen zu den fünf schwierigsten Situationen und wie Sie die bewältigt haben (Karte 36), und ergänzen Sie sie ggf. um eben jene Resilienzfaktoren.

- Denken Sie nun auch an andere Krisensituationen und notieren Sie, welche der Resilienzqualitäten bei der Bewältigung mitwirkten – Akzeptanz, Optimismus, Selbstvertrauen, Lösungsorientierung, die Fähigkeit, sich neue Ziele zu setzen, die Bereitschaft, Hilfe anzunehmen und Netzwerke zu nutzen, die Entschlossenheit, aktiv zu werden – und überlegen Sie, wie es aussähe, wenn Sie diese Qualitäten mehr als bisher entwickeln und nutzen würden.

- Wählen Sie dabei eine aktuelle Situation aus und überlegen Sie, was es konkret bedeutet, mit einer Haltung, die diese Resilienzfaktoren verkörpert, nach Lösungen zu suchen.

38 - Wie oft verfolge ich ein Ziel und halte dann – trotz widriger Umstände – daran fest?

Ihre Stärken existieren nicht im luftleeren Raum, sie sind vielmehr Wegweiser zur Verwirklichung von Vorstellungen, Sehnsüchten und Zielen. Sei es, dass Sie ein Talent zum Erblühen bringen möchten, sei es, dass Sie einem Vorbild nacheifern, sei es, dass Sie es sich in den Kopf gesetzt haben, etwas, was Ihnen sehr wichtig ist, zu verwirklichen.

Natürlich sind Ihre Stärken Ihnen auch ganz alltagspraktisch dienlich, indem Sie sie in Ihrem Beruf und im Privatleben nutzen können – doch auch da haben Sie bestimmte Vorstellungen, wie sich die Dinge entwickeln sollten. Wenn Sie Ziele nicht erreichen, liegt das meist aber nicht daran, dass Ihre Talente und Fähigkeiten nicht ausreichen, sondern dass Sie vorzeitig aufgeben.

«Es gibt mehr Leute, die kapitulieren, als solche, die scheitern.» (Henry Ford)

Überlegen Sie: Wie oft verfolgen Sie ein Ziel und halten dann trotz widriger Umstände daran fest? Welche Stärken unterstützen Sie dabei?

Die Stärken, die Ihnen in der Vergangenheit geholfen haben, ein Ziel zu erreichen, sind Ihnen auch für künftige Ziele und Vorhaben dienlich.

Als Anregung für Ihr Arbeitsbuch …

Legen Sie sich in Ihrem Arbeitsbuch eine Tabelle mit zwei Spalten an. In die linke Spalte schreiben Sie ein Ziel, das Sie verfolgen und dann in die rechte Spalte diejenigen Ihrer Stärken, die Ihnen dabei helfen könnten, das Vorhaben umzusetzen.

Das Vorhaben, das ich umsetzen will:	Stärken, die mir bei der Umsetzung helfen:
1.	1.
2.	2.
3.	3.
usw.	usw.

39 - Welche Menschen gibt es, auf die Sie in einer Krise bauen würden?

Sich Hilfe zu suchen wird häufig als Zeichen der Schwäche interpretiert. Völlig zu Unrecht. Vielmehr ist es ein Zeichen von Schwäche, nicht auf jemanden zuzugehen und ihn oder sie um Unterstützung zu bitten. Denken Sie an das Resilienzprinzip der Lösungsorientierung.

Wenn Ihnen daran gelegen ist, Lösungen zu finden, weshalb sollten Sie dann aus falsch verstandenem Stolz darauf verzichten, das Wissen, die Fähigkeiten und Möglichkeiten eines anderen Menschen zu nutzen? Partner, Freundinnen und Freunde, Kolleginnen und Kollegen, Mentoren – sie alle können uns eine große Hilfe bei der Verwirklichung einer Idee sein oder beim Meistern einer schwierigen Situation. Sie können unsere eigenen Stärken mit ihren Stärken unterstützen.

Wer sind Ihre Vertrauten und Verbündeten? Auf wen können Sie in schwierigen Situationen bauen?

Als Anregung für Ihr Arbeitsbuch …

Legen Sie sich in Ihrem Arbeitsbuch eine Tabelle an mit Menschen, auf die Sie bauen können, in ganz unterschiedlichen Situationen, in guten wie in schlechten Zeiten.

Situation	Hilfreiche Menschen
1.	1.
2.	2.
3.	3.
usw.	usw.

Auf den Punkt gebracht:

Am Ende des Abschnitts «Stärken, die in Schwächen liegen, und starker Umgang mit Krisen» ...

... sehen Sie deutlicher, was Sie selbst an sich als Schwäche sehen und was andere für Ihre schwachen Seiten halten,

... nehmen Sie deutlich wahr, welche Stärken Ihnen aus Fehlentscheidungen heraus erwachsen sind,

... sind Sie sensibilisiert dafür, welche Menschen und welche Situationen Ihnen nicht gut tun und wie Sie künftig damit umgehen wollen,

... können Sie auch Ihren als schwach wahrgenommenen Eigenschaften und Verhaltensweisen Gutes abgewinnen,

... haben Sie sich vergegenwärtigt, welche schwierigen Situationen Sie schon bewältigt haben und welche Stärken Sie dadurch entwickelt haben,

... haben Sie nachvollziehen können, wie die in Krisenzeiten erworbenen Stärken Ihr Selbstvertrauen festigten,

... wissen Sie, auf wen Sie in schwierigen Situationen bauen können.

4

Wie ich Stärken weiter stärken und neue Stärken entdecken kann

Die starken Seiten leben zu können macht glücklich

Wohl jeder definiert sich über das, was er weiß und kann. Stärken stärken, das heißt Selbstvertrauen aufbauen und festigen. Und Selbstvertrauen ist das beruhigende Gefühl, dem Leben und seinen Anforderungen gewachsen zu sein.

Wer von sich sagen kann «Ich bin okay, so wie ich bin, und ich vertraue auf das, was ich weiß und kann», der verfügt über viel Kraft, bei Problemen und Misserfolgen nach Lösungen zu suchen und darauf zu vertrauen, dass sich ein Weg finden lässt. Diese Kraft ist auch dann hilfreich, wenn es gilt, unklare Situationen für einige Zeit auszuhalten, ohne ein Licht am Ende des Tunnels zu sehen.

Die eigenen Stärken weiter auszubauen ist jedoch kein Selbstzweck. Es gibt dabei immer ein Ziel vor Augen: Das, wo man hin will. Wofür lohnt es sich, am Ball zu bleiben? Was soll sich verändern? Wofür lohnt es sich vielleicht auch, ein Risiko einzugehen? Wobei das «sich lohnen» nicht unbedingt in Euro und Cent bemessen wird, viel mehr ist die individuelle Lebenszufriedenheit das Maß der Dinge.

40 - Was sind die Top Ten meiner persönlichen Stärken?

Wenn Sie wissen, wo Sie hin wollen, was Sie zufrieden und glücklich macht, dann wissen Sie auch, welche Ihrer Stärken Sie beim Erreichen von dem, was Sie glücklich macht, am meisten helfen und unterstützen kann.

Nicht alle Ihre Stärken sind Ihnen gleich wichtig. Unter all den Talenten und Fähigkeiten, die Sie auszeichnen, gibt es Qualitäten, die Ihnen mehr bedeuten als andere, wo Sie deutlich das Gefühl haben: Ja, ist typisch für mich, das gehört einfach zu mir, gehört zu meiner Identität.

Blättern Sie in Ihrem Arbeitsbuch, das sich mit bewussten und wiederentdeckten persönlichen Qualitäten gefüllt hat, und betrachten Sie Ihre Aufzeichnungen. Wählen Sie dann die für Sie wichtigsten Qualitäten aus: Wo liegen Ihre ganz besonders ausgeprägten Stärken? Welche zählt für Sie mehr als viele andere? Was zeichnet Sie besonders aus?

Die persönlichen Stärken, die mir am allerwichtigsten sind:

1. ______________________
2. ______________________
3. ______________________
4. ______________________
5. ______________________
6. ______________________
7. ______________________
8. ______________________
9. ______________________
10. ______________________

Tipp:
Schreiben Sie jede Ihrer Stärken auf eine gesonderte Karteikarte oder einen Zettel und stellen Sie dann eine Rangfolge her, indem Sie diese nach Wichtigkeit so lange verschieben, bis sich eine schlüssige Rangfolge ergibt.

41 - Wie und wofür setze ich meine Top Ten heute zumeist ein? Und wie soll das künftig sein?

Wenn Sie sich Ihrer Stärken bisher wenig bewusst waren, braucht es etwas Nachdenken, um herauszufinden, wo Sie sie bisher erfolgreich eingesetzt haben, in welchen Bereichen Ihres Berufes Sie dank ihrer vorangekommen sind oder wo Sie in Ihrem Privatleben mit ihnen punkten konnten. Vielleicht lag die eine oder andere wiederentdeckte Stärke lange Zeit völlig brach. Noch wichtiger ist aber die Frage, wie Sie künftig mit Ihren Stärken umgehen wollen, welche vielleicht völlig neuen Möglichkeiten Sie finden, sie besser zur Geltung zu bringen.

Betrachten Sie Ihre Top Ten: Wo haben Sie Ihre Stärken bisher eingesetzt? Wobei waren Sie Ihnen nützlich? Was konnten Sie dank ihrer bewerkstelligen oder verwirklichen? Und dann überlegen Sie, wie Sie diese Stärken – beruflich oder privat – künftig nutzen können und möchten.

Schreiben Sie auch Möglichkeiten auf, wo Sie im Moment noch keine Chance zur Verwirklichung sehen, wofür Sie Ihre Stärken aber gerne einsetzen würden.

Zur Orientierung für Ihr Arbeitsbuch ...

Richten Sie in Ihrem Arbeitsbuch drei Spalten ein. Die erste Spalte gehört der Nummerierung Ihrer Top-Ten-Liste, in die zweite Spalte tragen Sie ein, wofür Sie diese Stärke bisher zumeist eingesetzt haben, und in die dritte, wofür Sie sie künftig ebenfalls nutzen wollen.

Nr.	Wofür ich diese Stärke bisher zumeist eingesetzt habe:	Wie ich diese Stärke künftig (auch) nutzen will:
1.		
2.		
3.		
4.		
usw.		

42 - Welche meiner Top Ten will ich weiter stärken?

Wenn Sie sich Ihre persönlichen Talente und Fähigkeiten vergegenwärtigen, kommen Ihnen wahrscheinlich für jede Ihrer starken Seiten auch Ideen in den Sinn, wie Sie sie nicht nur künftig anwenden, sondern möglicherweise sogar, wie Sie sie weiter ausbauen könnten. Das ist gut so. Nur: Wenn Sie dies für jede Ihrer Stärken umsetzen würden, dann hätte der Tag nicht genug Stunden.

Es gilt also, sich zu entscheiden, welche Stärken Sie weiter fördern wollen. Richten Sie dazu für einen überschaubaren Zeitraum Ihr Hauptaugenmerk auf einige wenige Qualitäten. Die anderen Stärken sind deswegen ja nicht für alle Zeiten «abgelegt». Sie können später auch diese gezielt fördern.

Betrachten Sie Ihre Top Ten, Ihre derzeitigen Einsatzbereiche und Ihre Vorstellungen davon, wie Sie Ihre wichtigsten Stärken künftig einsetzen wollen. Entscheiden Sie sich nun für eine Stärke, die für Sie ganz aktuell im Vordergrund stehen und die weiterentwickelt werden soll.

Zur Orientierung für Ihr Arbeitsbuch …

Nr.	Die Stärke, die ich weiterentwickeln will:	Was ich dafür tun will, diese Stärke weiter zu stärken:
1.	✎	✎
2.	✎	✎
3.	✎	✎
usw.	✎	✎

Sie können auch hier wieder mit der Karteikarten-Methode verfahren: jede Top-Ten-Stärke auf eine Karte schreiben und dann die Karten in ihrer Reihenfolge so lange nach Wichtigkeit verschieben, bis Ihr Favorit ganz oben steht. Anschließend überlegen Sie, was Sie dafür tun können, dieser Stärke noch mehr Gewicht zu geben (evtl. spezielle Kurse oder Weiterbildungen besuchen, neue Anwendungsmöglichkeiten entdecken, verstärkt um Feedback bitten und daraus lernen usw.)

Wenn Sie …

… beispielsweise das Talent besitzen, spannend zu erzählen, und Ihre Freunde Sie ermutigen, ihre Geschichten aufzuschreiben, dann läge es in einem nächsten Schritt beispielsweise nahe, sich für einen Kurs für kreatives Schreiben anzumelden, der Ihnen helfen wird, Ihre Stärke weiter zu stärken.

43 - Welche meiner Stärken stärken wiederum andere meiner Stärken?

Ihre starken Seiten können sich gegenseitig stärken und so einen Synergieeffekt hervorrufen.

Wer beispielsweise in seinen Top Ten gestalterisches Talent als Stärke hat und gleichzeitig auch gut darin ist, Dinge zu ordnen, kann dies zum Beispiel beim Einrichten einer Wohnung nutzen.

Wer gut darin ist, Dinge zu ordnen, und als zweite Top-Ten-Fähigkeit «kann gut mit anderen reden und verhandeln» aufweist, dem fällt es wahrscheinlich leicht, eine Veranstaltung zu organisieren oder bei Meetings weitschweifige Vielredner elegant immer wieder zum Thema zurückzuführen.

Betrachten Sie also noch einmal Ihre Top Ten und überlegen Sie sich:

Welche Ihrer Stärken unterstützen andere Ihrer Stärken und auf welche Weise tun sie das? Führen Sie dies anhand von drei Top-Ten-Stärken auf der gegenüberliegenden Liste aus.

Zur Orientierung für Ihr Arbeitsbuch …

Stärke	Unterstützt welche andere Stärke(n):	Wodurch?
1.	✎	✎
2.	✎	✎
3.	✎	✎

44 - Wer unterstützt die Entwicklung meiner starken Seiten?

Wenn Sie in Ihrem Leben etwas Gravierendes ändern wollen, wird es für Sie hilfreich sein, Menschen an Ihrer Seite zu wissen, die Ihnen gewogen sind und die Sie in Ihrem Vorhaben fördern und unterstützen. Solche Menschen können Ihnen vielleicht auch aus ihrer persönlichen Erfahrung heraus oder über ihr professionelles Know-how hilfreiche Tipps für die Verwirklichung von Ihrem Vorhaben geben. Eine meiner Seminarteilnehmerinnen hatte sich beruflich z. B. als freischaffende Beraterin auf Online-Datenschutz spezialisiert und beriet Firmen und Freelancer bei der Umsetzung neuer Bestimmungen. Ihre Website jedoch erstellte sie nicht selbst. Da ließ sie sich von einer Freundin helfen, die ihr angeboten hatte, entsprechende Fotos und Videos zu erstellen, die ihr Leistungsspektrum veranschaulichten.

Meiden Sie Beziehungen, die in Ihnen das Gefühl hervorrufen, Ihre Vorstellungen seien unwichtig, oder man traue Ihnen nur wenig zu. Suchen Sie lieber den Kontakt zu Menschen, für die Ihr Vorhaben interessant ist und die Sie gerne unterstützen.

Überlegen Sie: In Gegenwart welcher Menschen (Freunde, Bekannte, Kollegen usw.) fühlen Sie sich gut, sicher und entspannt? Wer hat ein offenes Ohr für Ihre Gedanken, Wünsche und Pläne? Notieren Sie sich deren Namen in Ihrem Arbeitsbuch. Dann überlegen Sie, wer Sie bei welchem Vorhaben besonders gut unterstützen kann.

Zur Orientierung für Ihr Arbeitsbuch …

Menschen, die mir gewogen sind und die mich gerne bei der Umsetzung von Projekten unterstützen:

Nr.	Das Vorhaben, das ich umsetzen will:	Wer mir dabei helfen kann:
1.		
2.		
3.		
usw.		

45 - Was kann ich getrost loslassen?

Die Fokussierung Ihrer Energie auf Ihre Stärken und Ziele, also auf die Dinge, die Sie einem erfüllten Leben näher bringen, macht es Ihnen leichter, Dinge loszulassen, die nichts damit zu tun haben. Damit sind nicht diejenigen Aktivitäten gemeint, die Sie «einfach so» pflegen, weil sie Ihnen Spaß machen. Die sind wichtig, denn sie gehören zu Ihren Kraftquellen. Vielmehr geht es um die Dinge, mit denen Sie sich abmühen, um einem bestimmten Bild zu entsprechen, das aber nichts mit dem zu tun hat, was Ihnen im Grunde wirklich wichtig ist.

Loslassen heißt auch, mit manchen Ihrer Schwächen Frieden zu schließen und sie zu akzeptieren – sei es, dass sie nicht oder nur mühsam zu verändern sind, sei es, weil sie dem Erreichen Ihrer Ziele nicht im Wege stehen.

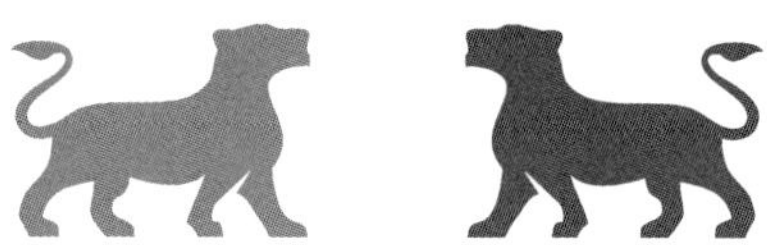

Zur Orientierung für Ihr Arbeitsbuch …

Nehmen Sie Ihr Arbeitsbuch zur Hand und überlegen Sie, welche Bestrebungen Sie getrost loslassen können, weil sie weder Ihren Zielen, noch der Weiterentwicklung Ihrer Stärken dienen. Überlegen Sie dann auch, mit welchen Ihrer Schwächen Sie in diesem Sinne Frieden schließen wollen.

Bestrebungen, die ich loslassen will:

1. ……………………………………
2. …………………………………… etc.

Schwächen, mit denen ich Frieden schließen will:

1. ……………………………………
2. …………………………………… etc.

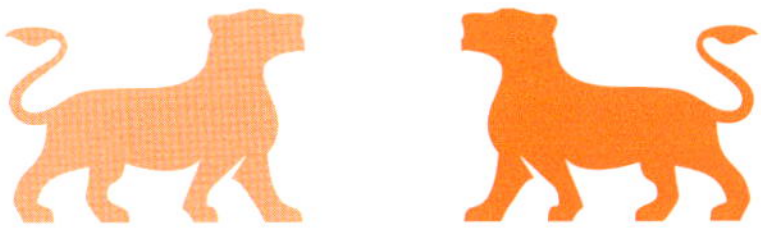

46 - Welche neuen Erfahrungen möchte ich machen?

Wenn Sie sich Ihrer Stärken nun deutlicher bewusst sind als bisher, ist wahrscheinlich auch das Selbstvertrauen gewachsen, fortan Neues, Ungewohntes in Angriff zu nehmen und neue Erfahrungen zu machen. Lassen Sie sich von den Menschen, die Ihnen wohlgesonnen sind, inspirieren. Zwei, drei, vier Köpfe kommen auf mehr Ideen als ein Kopf allein. Andere Menschen können auf Ideen kommen, auf die Sie selbst nicht kommen würden, einfach weil sie in ihrem Leben andere Erfahrungen gemacht haben als Sie.

Fragen Sie Ihre Vertrauten, was sie sich für Sie vorstellen könnten und was Ihnen ihrer Meinung nach besonders liegen könnte. Legen Sie eine kleine Kiste an, in die Sie – völlig unsortiert – alles hineingeben, was Ihnen selbst und den anderen dazu einfällt, alles, was Sie inspirieren, begeistern und weiterbringen könnte – eine lose Sammlung von Möglichkeiten.

Legen Sie auch Symbole, Fotos, Bilder dazu, die hinsichtlich der Entfaltung Ihrer starken Seiten anregend oder ermutigend wirken.

Sie müssen keine dieser Ideen und Anregungen in der Ideenkiste verwirklichen, sie sammeln nur.

Halten Sie dann das, was Sie besonders spannend finden, in Ihrem Arbeitsbuch fest.

Legen Sie eine Ideenkiste an!

Was mir selbst an Ideen eingefallen ist:

1. ________________
2. ________________ etc.

Welche Inspirationen ich durch meine Unterstützer/innen erhalten habe:

1. ________________
2. ________________ etc.

Tipp: Gönnen Sie jeder Idee ihren eigenen Zettel, sammeln Sie diese Schätze in Ihrer Kiste und nehmen Sie immer wieder mal den ein oder anderen Zettel in die Hand. So kam z. B. eine Seminarteilnehmerin vor einiger Zeit zum Berlin-Marathon. Eigentlich hatte sie mit Laufen gar nichts am Hut, bis ein Kollege ihr vorschlug «es einfach mal zu probieren». Fortan lag die Idee in der Ideenkiste. Und irgendwann war sie mit zwei Kollegen zweimal die Woche auf kurzen Strecken unterwegs. Das fiel am Anfang schwer, machte dann aber immer mehr Spaß. Also begann sie, längere Strecken in Angriff zu nehmen und freute sich über ihre wachsende Fitness. Nach etwa einem Jahr traute sie sich tatsächlich, am Berlin-Marathon teilzunehmen und dafür systematisch zu trainieren.

47 - Was wünsche ich mir für die Zukunft?

«Die meisten Menschen überschätzen, was sie in einem Jahr tun können, und unterschätzen, was sie in zehn Jahren tun können.» (Jim Rohn, US-amerikanischer Autor und Trainer)

Wenn Sie Ihr Leben mit einer langfristigen Perspektive betrachten, schärft das Ihren Blick für Prioritäten. Sie erkennen, was Sie wirklich verändern wollen, weil Sie sich davon einen deutlichen Zuwachs an Lebenszufriedenheit versprechen, und was nur «Eintagsfliegen» sind. Das hat viel mit Ihrem Potenzial und dem Einsatz Ihrer Stärken zu tun.

Ein langfristiges Zukunftsbild macht deshalb Sinn, weil Sie damit Ihren Kurs bestimmen. Wenn Sie wissen, was Sie auf lange Sicht hin als wichtig für Ihr Lebensglück sehen, dann fällt es Ihnen leichter, in Ihrem alltäglichen Leben die entsprechenden Prioritäten zu setzen und Sie lassen sich nicht mehr so leicht von allen möglichen Dingen ablenken, die weder Ihren Neigungen noch Ihren Stärken entsprechen.

Der nächste Schritt ist dann, sich klarzumachen, was dazu erforderlich ist, damit Sie Ihre Wünsche und Vorstellung verwirklichen können.

Nehmen Sie sich etwas Zeit und machen Sie ein Brainstorming ...

- **Was ist Ihnen wichtig im Leben?**

- **Was wünschen Sie sich? Wie würden Sie**
- **gerne leben?**

Wichtig:
Denken Sie dabei an alle Lebensbereiche: Beruf, Freizeit, Partnerschaft, Familie, Gesundheit ...

- Schreiben Sie alles auf, was Ihnen einfällt. Wichtig ist, dass es Dinge sind, die Ihnen tatsächlich am Herzen liegen, keine Pflichtaufgaben, deren Erledigung überwiegend auf die Erwartungen anderer ausgerichtet ist.

- Betrachten Sie dann die Wünsche und Vorstellungen, die Sie formuliert haben. Wenn Sie sich Ihr Leben in zehn Jahren vorstellen: Was fänden Sie gut, bis dahin davon verwirklicht zu haben?

48 - Aus welchen Wünschen werden Ziele?

Nicht aus jedem Wunsch kann ein Ziel werden. Die Erfüllung mancher Ihrer Wünsche ist von glücklichen Zufällen abhängig, von Umständen, die nicht in Ihrer Hand liegen. (klassisches Beispiel: Lottogewinn). Andere setzen vielleicht Verhaltensänderungen bei anderen Menschen voraus, was Sie ebenfalls nicht direkt steuern können. Um aus einem Wunsch ein Ziel zu machen, muss das, was Sie anstreben, mit dem Einsatz Ihres Potenzials, Ihrer Talente und Stärken zu erreichen sein. So ein Ziel kann ruhig anspruchsvoll sein – es sollte jedoch nicht außerhalb Ihrer Reichweite liegen.

Ziel = Wunsch + eigenes Potenzial.

Ziele bauen auf Ihren Stärken auf. Schauen Sie sich die Top Ten Ihrer Stärken und Ihre persönliche Wunschliste nacheinander an. Was ist Ihnen besonders wichtig?

Fragen Sie sich: Welche Wünsche können Sie mit dem Einsatz der Top Ten Ihrer Stärken verwirklichen, welche Ihrer Wünsche können also unter Einsatz Ihrer persönlichen Stärken konkrete Ziele werden?

Zur Orientierung für Ihr Arbeitsbuch …

Was finde ich für mein Leben in der Zukunft langfristig erstrebenswert?

Nr.	Das Ziel, das ich anstrebe:	Stärken, die mir bei der Umsetzung nützlich sind:
1.		
2.		
3.		

49 - Wie komme ich effektiv voran?

Große, bedeutsame Ziele sind meist sehr langfristig angelegt und können durchaus Zeiträume von fünf, zehn oder vielleicht noch mehr Jahren umfassen. Für deren Umsetzung ist es gut, sich Teilziele zu setzen, um auch auf dem Weg der Umsetzung bereits Erfolge feiern zu können. Unterteilen Sie große Ziele also in Teilziele. Arbeiten Sie für die großen Ziele einen «Fahrplan» aus, der einzelne Etappen umfasst: Ihre Teilziele. Gehen Sie ruhig detailliert vor. Je anschaulicher und konkreter Ihr «Fahrplan» ist, desto einfacher wird es sein, die Teilziele nach und nach umzusetzen.

«Machbarkeit» ist ein Schlüsselbegriff bei der Umsetzung von Zielen. Wenn Sie sich zu viel auf einmal vornehmen und scheitern, dann schwindet die Motivation. Haben Sie sich hingegen Teilziele vorgenommen, die gut umsetzbar sind, und Sie erreichen sie, dann fühlen Sie sich wohl und bestätigt.

Überlegen Sie auch bei jedem der Teilziele, welche Ihrer Stärken Ihnen bei der Umsetzung gut helfen kann.

Zur Orientierung für Ihr Arbeitsbuch …

Meine fünf wichtigsten Teil-Ziele, die mich meinen langfristigen Zielen näher bringen und die ich schon in den kommenden Wochen umsetzen kann:

Ziel, das ich umsetzen will:	Teilziele:
	1. 2. 3. 4. 5.

Wählen Sie dann das erste Ihrer Teilziele aus, das Sie relativ zeitnah umsetzen können. Wenn dies erreicht ist, beglückwünschen Sie sich dafür und wenden Sie sich dem nächsten zu, das Sie Ihrem dahinter stehenden «großen» Ziel wiederum ein Stück näher bringt, dann folgen das nächste, das nächste, das nächste …

50 - Welche Stärken kann ich gezielt für meine Ziele einsetzen?

Wenn Sie sich von Teil-Ziel zu Teil-Ziel in Richtung eines größeren Zieles bewegen und an den Ergebnissen sehen, dass Sie vorankommen, dann stärkt dies Ihr Selbstvertrauen. Wichtig ist, dass Sie sich dabei immer wieder auf Ihre Stärken besinnen und sich überlegen, wie Sie sie am effektivsten einsetzen können, um Ihre Ziele zu erreichen.

Wer mit Augenmaß plant, geht nicht davon aus, dass alles ganz genau so eintrifft wie anvisiert. Natürlich gibt es den Zufall und es gibt unvorhersehbare Ereignisse und Entwicklungen, die den schönsten Plan Makulatur werden lassen. Vieles kommt eben anders, als man denkt. Dennoch macht Planen Sinn, denn nur so können Sie einschätzen, was Sie benötigen, um ein bestimmtes Ziel zu erreichen – und wer einen Plan hat, ist auch in der Lage, Zufälle auf ihre Verwertbarkeit bei der Umsetzung von Zielen zu überprüfen.

Konzentrieren Sie sich immer wieder von Neuem auf Ihre starken Seiten. Sie und niemand anderes sind es, der Sie dazu befähigt, Ihre Ziele zu erreichen.

Zur Orientierung für Ihr Arbeitsbuch ...

Betrachten Sie Ihre ausgewählten Teilziele für die nächsten Wochen: Auf welche Ihrer Stärken können Sie bauen, um sie in die Tat umzusetzen? Orientieren Sie sich vom Vorgehen her an der Karte 48: Notieren Sie, welches Teilziel Sie ihrem Ziel näher bringt, schreiben Sie die Stärken auf, die Ihnen beim Umsetzen helfen können und auf welche Weise Sie sie einsetzen können.

Angestrebtes Teilziel:	Stärken, die mir beim Umsetzen helfen	Wo und wie genau setze ich diese Stärke ein?
1.		
2.		
3.		

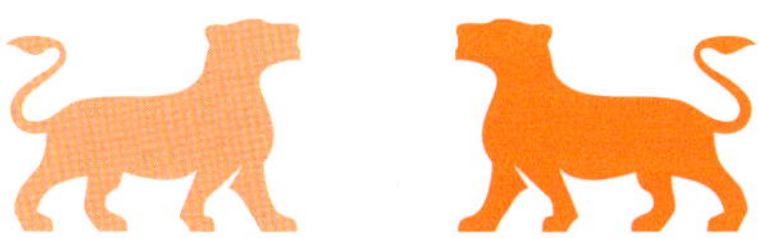

51 - Was kann mein «innerer Coach» für mich tun?

Für die (Weiter-)Entwicklung eigener Stärken ist es hilfreich, sich selbst wohlwollend zu begleiten. Die meisten kennen den «inneren Kritiker», eine innere kritische Stimme, die alle Misserfolge scharfzüngig kommentiert oder ins Auge gefasste Verhaltensänderungen pessimistisch begleitet («Schaffst du eh nicht»).

Der «innere Coach» hingegen ermutigt Sie, sich konzentriert auf Ihre Stärken zu stützen. Und er ist ein Meister in der Kunst der Suche nach Lösungen. Diese Sie fördernde Stimme gehört vielleicht zu einem tatsächlich existierenden Mentor, den es in Ihrem Leben gibt oder gegeben hat. Oder sie gehört zu einem Vorbild, an dem Sie sich orientieren.

Gibt es in Ihnen einen solchen «inneren Coach» oder eine innere Leitfigur, so dass Sie sich manchmal fragen: Wie würde sie oder er sich jetzt in Ihrer Situation entscheiden?
Wenn nicht, welche Eigenschaften sollte eine solche innere, Sie fördernde Instanz haben? Nehmen Sie Ihr Arbeitsbuch zur Hand und gestalten Sie anhand der nebenstehenden Fragen ein Portrait Ihres «inneren Coachs».

Als Anregung für Ihr Arbeitsbuch …

Was der innere Coach zu mir sagt, wenn ich …

- … mich wieder auf meine Schwächen statt auf meine Stärken konzentriere:
- … ein kniffliges Problem zu lösen habe:
- … einen Erfolg erzielt habe:
- … einen Misserfolg verbuchen muss:
- … einen kleinen oder auch größeren Schritt in die richtige Richtung gemacht habe:
- … mich müde oder mutlos fühle:
- … dabei bin, meine bisherigen Grenzen zu überschreiten:

52 - Wie mache ich mir meine Erfolge bewusst?

Legen Sie ein Erfolgstagebuch an, in dem Sie kleine und große Erfolge notieren.

Es macht Spaß, die eigenen Erfolge zu dokumentieren. Auch kleine und kleinste Erfolge zählen. Wenn Ihre Erfolge schwarz auf weiß zu lesen sind, gehen sie nicht im Trubel des Alltags verloren. Jeder einzelne Erfolg erfährt Beachtung und wird gewürdigt.

Je mehr Seiten Ihres Erfolgstagebuches Sie füllen, desto mehr wachsen auch Zufriedenheit und Zuversicht. Indem Sie lesen, was Sie schon alles umgesetzt haben, motivieren Sie sich gleichzeitig dazu, Ihren Weg weiterzugehen und führen sich anschaulich vor Augen, dass Erfolg die Summe vieler kleiner Schritte in die richtige Richtung ist. Das ermutigt Sie auch dazu, Ihre langfristigen Ziele im Blick zu behalten und sie konsequent weiterzuverfolgen.

Schreiben Sie in Ihrem Erfolgstagebuch täglich oder zumindest in einer Wochenrückschau alle erreichten, positiven Ergebnisse auf dem Weg zu Ihren Zielen auf.

Wie ich mein Erfolgstagebuch führen will ...

Ich führe mein Erfolgstagebuch regelmäßig

- täglich
- wöchentlich

Ich werde die Einträge in meinem Erfolgstagebuch lesen und würdigen:

- am Ende jeder Woche
- am Ende jedes Monats

Auf den Punkt gebracht:

Am Ende des Abschnitts «Wie ich Stärken weiter stärken und neue Stärken entdecken kann» ...

... kennen Sie die Top Ten Ihrer persönlichen Stärken,

... wissen Sie, wofür Sie Ihre zehn wichtigsten Stärken einsetzen und wofür Sie sie künftig nutzen wollen,

... ist Ihnen klar, welche Ihrer zehn wichtigsten Stärken Sie weiter stärken wollen und welche dieser Stärken wiederum andere Ihrer Stärken wachsen lassen,

... wissen Sie, wer die Entwicklung Ihrer starken Seiten unterstützen kann,

... welche alten Glaubenssätze und Einstellungen Sie nun getrost loslassen können,

... welche neuen Erfahrungen Sie gerne machen wollen,

... wissen Sie, was Sie sich für die Zukunft wünschen, aus welchen Ihrer Wünsche Sie Ziele machen werden und wie Sie Ihre Stärken gezielt dafür einsetzen können,

... haben Sie erfahren, was Ihr «innerer Coach» für Sie tun kann.

Alles Gute auf Ihrem Weg

Liebe Leserin, lieber Leser,

gewiss hat es Ihnen viel Spaß gemacht, sich mit dem Kartenset «Alles, was mich stark macht» und dem Begleitbuch sowie Ihren persönlichen Aufzeichnungen intensiv mit Ihren Talenten, Kompetenzen und Fähigkeiten zu beschäftigen. Wahrscheinlich sind Sie dabei auch zu der ein oder anderen neuen Erkenntnis gelangt, die Sie wiederum zu neuen Ideen und Zielen geführt hat. Gut so!

Ich wünsche Ihnen, dass die intensive Auseinandersetzung mit Ihren starken Seiten Sie auch dazu ermutigt, möglichst viele Entscheidungen mit dem Ziel zu treffen, Ihre Lebensfreude und Ihre Lebenszufriedenheit wachsen zu lassen. Begleiten Sie sich selbst mittels des «inneren Coachs» auf dem Weg zu Ihren Zielen, wie es auch ein guter Freund oder eine gute Freundin tun würde: ermutigend, wohlwollend, unterstützend.

Erinnern Sie sich auch immer wieder einmal daran, welche Talente und Fähigkeiten Sie in schwierigen Zeiten schon eingesetzt haben. Und überlegen Sie dann, wie Sie diese Qualitäten für aktuelle Vorhaben einsetzen können.

Wichtig auf dem Weg zu Ihren Zielen sind vor allem zwei Dinge:

- Lösungsorientiert zu denken und sich ein ums andere Mal zu fragen, wer oder was Sie bei Ihren Vorhaben unterstützen kann – und Antworten darauf zu finden!

- Sich klar zu machen, dass die eingeschlagene Richtung das Wichtigste ist, egal, ob Sie nun schneller oder langsamer vorankommen. Es zählt das Jetzt, die Qualität des Augenblicks!

Ihre Sigrid Engelbrecht

Aus unserem Verlagsprogramm

Oft sind wir in unserem Leben unzufrieden und haben das Gefühl, dass sich stressige oder negative Situationen ständig wiederholen. Doch nicht die Dinge, Umstände oder das, was andere Menschen sagen oder tun, sind die Ursache für unsere Gefühle. Es sind unsere Gedanken und Bewertungen über das, was geschieht. Stress entsteht, wenn unsere Sichtweise verengt ist, wir Gedanken glauben, die uns Angst machen oder Ärger aufsteigen lassen. Byron Katie hat mit THE WORK eine erfolgreiche Methode der Selbstbefragung entwickelt, um diese Gedanken – Glaubenssätze – einfach loszulassen.

Ina Rudolph hat auf der Basis von THE WORK 49 Karten mit inspirierenden Illustrationen zum Üben und Mitnehmen gestaltet: 42 mit den häufigsten stressigen Glaubenssätzen und ihren Umkehrungen sowie 6 freie Karten zum selber Ausfüllen.

Im Booklet wird die Anwendung ausführlich und leicht verständlich erklärt.

Ina Rudolph
Einfach Loslassen.

49 Übungskarten
mit farbigem Booklet
im Format 9,5 x 13,8 cm

ISBN 978-3-86826-172-1